UMBANDA PARA CRIANÇAS E INICIANTES

E para todos aqueles que querem aprender

Doris Carajilescov Pires

UMBANDA PARA CRIANÇAS E INICIANTES

E para todos aqueles que querem aprender

MADRAS®

Editor:
Wagner Veneziani Costa (*in memoriam*)

Produção e Capa:
Equipe Técnica Madras

Revisão:
Arlete Genari

Dados Internacionais de Catalogação na Publicação
(CIP)(Câmara Brasileira do Livro, SP, Brasil)

Carajilescov, Doris
Umbanda para crianças e iniciantes/Doris Carajilescov. – São Paulo: Madras, 2024.
Bibliografia.

ISBN 978-85-370-1241-3

1. Crianças – Evangelização 2. Espiritualidade
3. Mediunidade 4. Psicografia 5. Umbanda I. Título.

20-32982 CDD-299.672083

Índices para catálogo sistemático:
1. Umbanda para crianças: Religião 299.672083
Cibele Maria Dias – Bibliotecária – CRB-8/9427

MADRAS EDITORA LTDA.
Rua Paulo Gonçalves, 88 – Santana
CEP: 02403-020 – São Paulo/SP
Tel.: (11) 2281-5555 — (11) 98128-7754
www.madras.com.br

Agradecimentos

Agradeço ao meu marido e eterno amor, Nelson Pires Filho, sacerdote de Umbanda e bàbáláwo, presidente da Federação Guardiões da Luz, autor de diversos livros, pois apesar de todas as suas atribuições ainda encontra tempo para me ensinar e me ajudar nesta caminhada espiritual.

Agradeço também a toda espiritualidade pela oportunidade que estão me proporcionando. Espero ter passado seus ensinamentos da melhor forma possível e poder de alguma forma ajudar no crecimento espiriual de todos aqueles que aqui buscarem pelo conhecimento.

Dedicatória

Dedico este livro a todas as crianças que buscam pelo conhecimento, em especial ao meu sobrinho e afilhado Yuri Luiz Gagliaci Carajilescov, tão sedento do saber, e a meus filhos Ivan, Ana Claudia, Adriana e Fabiana, minhas eternas crianças!!! Espero que todos possam se beneficiar com estes ensinamentos e, assim, saciar um pouco mais de suas curiosidades e ânsia de saber.

Dedico também ao meu pai João Carajilescov Netto, por ter me dado a vida e por sempre permitir que eu trilhasse meu próprio caminho. Um grande homem, um grande pai! Apesar de todas as controvérsias que a vida nos colocou, sempre me apoiou em minhas escolhas, mesmo quando não concordava com elas. Obrigado por você existir e por ter feito de mim a pessoa que sou hoje!!!

Ora yê, yê mamãe Oxum!
Obrigada!

Índice

Homenagem Póstuma

É noite, o céu está num saudoso e melancólico azul
O vento gelado chega até mim
Levanto os olhos para o céu, e lá distante
Vejo uma pequenina estrela a brilhar mais do que todas as outras.

Começo, então, de repente, a pensar em você...
Você que é como aquela pequenina estrela
Você que me ensinou a amar e viver
Você que num mundo de ódio me fez ver as coisas mais belas da vida

Mas um dia você se foi...
Se foi prá nunca mais voltar, mamãe querida
Eu sei que um dia, com a graça de Deus, nos reencontraremos,
Porém, olho novamente para o céu, e já não consigo mais,
Pois as lágrimas já não me deixam ver a pequenina estrela.

E o vento gelado desta noite me traz ainda mais saudades
Pois você que me ensinou a amar
Você que eu tanto amo
Sem querer me ensinou a sofrer e a chorar.
Porém sigo conformada, pois sei que você está comigo onde quer que eu vá, e que sua partida tão cedo serviu para meu aprendizado e redenção,
E as estrelas que hoje brilham,
Brilham com um brilho jamais visto, pois enviam para mim toda a força de seus beijos.

A você mamãe, dedico estes singelos versos, parcialmente de minha autoria, afirmando sempre que uma das maiores graças que já recebi foi poder ser sua filha. Hoje como mãe a entendo mais... sinto não poder lhe dizer na matéria, para poder sentir o calor de seu abraço carinhoso, porém sei que você está sempre comigo e partilha também de todas as minhas vitórias. Obrigado mamãe, que Oxalá a abençoe!

CRIPTOGRAFIA

A	B	C	D	E	F	G	H	I	J	K	L	M	N	O	P	Q	R	S	T	U	V	X	Z	Â	É
7	9	21	12	22	6	5	17	3	11	2	4	26	25	20	15	14	1	10	19	16	18	13	23	27	28

22 10 14 16 22 21 22 01   07 03 25 06 27 25 21 03 07

22   07   11 16 18 22 25 19 16 12 22   10 22 01 07

12 22 10 15 01 22 23 07 01   20   06 16 19 16 01 20

(Emmanuel)

A IMPORTÂNCIA DA EVANGELIZAÇÃO

A	B	C	D	E	F	G	H	I	J	L	M	N	O	P	Q	R	S	T	U	V	X	Z	Ç	É	Ã	Á
7	9	21	12	22	6	5	17	3	11	4	26	2	20	15	14	1	10	19	16	18	13	23	27	28	8	30

20   14 16 22   16 26 07   21 01 03 07 02 27 07   02 08 20

01 22 21 22 09 22   22 04 07

01 07 01 07 26 22 02 19 22   15 20 12 22 01 30

20 06 22 01 22 21 22 01   26 07 03 10   19 07 01 12 22

P.D. James

Todos ouvimos dizer que a criança é o futuro da humanidade, e o que fazer para ajudá-las nesta tarefa tão árdua que colocamos em seus ombros?

O mínimo que podemos fazer é educá-las e fazer com que elas compreendam que a infância é um período em que devemos preparar nosso espírito, e que temos de aproveitar para estudar, de tornarmo-nos melhores interiormente e fazer o bem. A criança e o jovem precisam de alguém que *fale a sua língua*, que lhe proporcione o conhecimento com alegria e entusiasmo...

Muitas crianças já se acham em evolução e estão conscientes dos problemas que enfrentamos e que aquilo que fazemos hoje refletirá nelas num futuro próximo, por isso já vemos muitas crianças preocupadas com a solidariedade, com a justiça, com a ecologia, algumas já estão até mesmo estudando opções para entregas de oferendas, para que não poluamos nossos locais divinos, como o mar, as matas, as encruzilhadas, as cachoeiras, etc...

A frequência do jovem nos Centros de Umbanda vem aumentando. Cada vez mais podemos ver jovens trabalhando nos terreiros, eles buscam na religião a oportunidade de fazer o bem, participando das ações sociais realizadas pelas Casas, demonstrando que a nossa juventude pretende construir um futuro cheio de esperança e de justiça. Portanto, é extremamente necessário oferecer aos jovens valores que não se percam com os chamados negativos do dia a dia, pois o jovem que está dentro de uma religião tem muito menos chances de trilhar o caminho que não seja o do bem. Eles sonham e querem construir uma sociedade melhor.

Dentro do terreiro, o jovem e a criança precisam ser valorizados e motivados. Todos devem ser chamados para ajudar, independentemente de idade. Aquele que não participa mediunicamente dos trabalhos pode ajudar cambonando (atendendo e servindo às entidades), os menores podem ajudar na limpeza, ou cantando junto com os curimbeiros, organizando a assistência para o atendimento, entre tantas outras coisas.

Através da evangelização infanto-juvenil devemos mostrar às crianças e aos jovens que Deus não é um ser que castiga e nos manda para o inferno quando erramos, mas sim que Deus é justo, não é bom nem mau, Ele age pela justiça divina, e todo aquele que vive pelos ensinamentos do amor ao próximo e à natureza vive de forma que agrada a Deus, pois estes são Seus ensinamentos.

Prefácio

É com imensa alegria e felicidade que passo a prefaciar mais esta obra de Doris C. Pires, que se dedica pioneiramente à preocupação com nossas crianças e o aprendizado inicial, quiçá, de grande monta aos que ainda estão ingressando na religião de Umbanda.

Destarte, temos aqui uma obra inteiramente dedicada à evangelização infantil na Umbanda, com textos fáceis, desenhos, jogos, conceitos e definições trabalhados para a compreensão do que é a Umbanda, sua história, fundamentos, giras, orações, explicações brilhantes das falanges e mentores umbandistas, como ocorre uma gira e a que se propõe; enfim, a inserção das crianças e daqueles menos informados ou que desejam melhorar seus conhecimentos em uma só obra.

Doris Carajilescov Pires, vice-presidente da Federação Guardiões da Luz, já em outra oportunidade nos brindou com o livro *A Umbanda e as Crianças,* alçando grande sucesso e procura. E neste momento vem ampliar esse trabalho ainda de forma pioneira, trazendo mais conteúdo detalhadamente através de sua ímpar criatividade no trato com as crianças, para arrebatar dúvidas e proporcionar aprendizado em um método que não conhecemos em nenhuma outra obra, diretamente ligada à evangelização infantil umbandista, a exemplo do que se vê em outros segmentos religiosos, preenchendo, desta forma, essa lacuna na Umbanda que com toda certeza vai mudar a ótica infantil sobre a religião e facilitar sobremaneira a seus pais ou responsáveis no trato com a questão. Proporciona ainda aos dirigentes e/ou a quem se dispuser a manter, uma obra instrutora para cursos e palestras sobre esse delicado e tão necessário tema que hoje temos em mãos, de forma didática e compreensível, na linguagem que se espera.

Parabéns à autora, minha esposa, pelo incansável trabalho e dedicação à evangelização. Com certeza será mais uma obra a alcançar um sucesso brilhante como ocorreu com seu primeiro trabalho.

Axé e que muitas crianças possam se beneficiar com as instruções aqui elencadas e à disposição.

Que Oxalá nos abençoe a todos e em especial à autora pela brilhante inovação no seio da religião umbandista.

Nelson Pires Filho
Guardiões da Luz

Hino da Umbanda

Quando cantamos um hino devemos sempre estar em pé, eretos e com a mão direita sobre o coração, simbolizando todo o amor e respeito que temos pelo hino e o que ele representa para nós.

O *Hino da Umbanda* foi composto na década de 1960, por José Manoel Alves.

Seu compositor era deficiente visual e, buscando pela cura, procurou a ajuda do Caboclo das Sete Encruzilhadas. Ao falar com o Caboclo descobriu que sua cegueira era de origem cármica, portanto, não poderia ser curada nesta encarnação. Mesmo assim, José Manoel, que já estava apaixonado pela nossa querida Umbanda, compôs uma cantiga para mostrar que podia "ver" nossa religião com todo o amor e paz que ela trazia.

Quando José Manoel mostrou esta cantiga ao Caboclo das Sete Encruzilhadas, ele ficou tão maravilhado que resolveu apresentá-la como "Hino da Umbanda", tendo sido oficializado para todo o Brasil em 1961, no 2º Congresso de Umbanda, presidido pelo Sr. Henrique Landi.

Sobre o Compositor

José Manoel Alves nasceu em 5 de agosto de 1907, em Monção, Portugal. Em 1929, veio para o Brasil, indo residir no interior do estado de São Paulo. Na capital paulista, entrou para a Banda da Força Pública, aposentando-se como capitão. Era compositor de músicas populares e também compôs para vários templos.

Compositor reconhecido no meio musical, compôs dezenas de músicas as quais foram gravadas por grandes intérpretes da música brasileira: Irmãs Galvão, Grupo Piratininga, Osni Silva e Ênio Santos. Em 1955, a marchinha *Pombinha Branca*, composta em parceria com Reinaldo Santos, foi gravada por Juanita Cavalcanti. Ainda compôs xotes, valsinhas, baiões, maxixes e outros gêneros musicais de sua época, e realizou um sonho ao gravar o seu único LP, disco de vinil, em 1957.

Para a Umbanda, e para vários terreiros, compôs diversos pontos gravados por vários intérpretes, como por exemplo: "Saravá Banda", gravado em 1961 por Otávio de Barros; "Prece a Mamãe Oxum", gravado em 1962 pela cantora Maria do Carmo; "Ponto de Abertura" (com Terezinha de Souza e Vera Dias), "Ponto dos Caboclos", "Prata da Casa", "Xangô Rolou a Pedra", "Xangô, Rei da Pedreira", "São Jorge Guerreiro", "Saravá Oxóssi", "Homenagem à Mãe Menininha" (com Ariovaldo Pires), "Saudação aos Orixás", além do *Hino da Umbanda*.

Caça-Palavras

Hino da Umbanda

José Manoel Alves

Refletiu a luz **divina**
Em todo seu esplendor
É do **reino** de Oxalá
Onde há **paz** e amor
Luz que refletiu na **terra**
Luz que refletiu no **mar**
Luz que veio de **Aruanda**
Para tudo iluminar
A Umbanda é paz, é **amor**,
É um mundo cheio de luz
É a **força** que nos dá **vida**
E a grandeza nos conduz.
Avante filhos de **fé**,
Como a nossa **lei** não há,
Levando ao mundo inteiro
A **Bandeira de Oxalá**!

Procure no quadro abaixo as palavras destacadas:

F	É	T	E	S	D	W	A	S	Z	X	V	H	H	L	H
T	Y	U	I	O	P	L	U	Z	R	E	S	S	Z	E	X
Z	M	A	R	B	G	T	M	T	T	U	I	O	V	I	V
A	C	N	E	H	C	E	B	X	Z	S	A	T	F	G	H
O	P	K	I	M	B	P	A	Z	D	S	Z	E	K	L	L
L	P	K	N	N	N	R	N	N	A	S	C	R	R	V	C
A	E	R	O	S	D	C	D	A	I	K	J	R	O	T	E
A	S	O	R	T	Y	U	A	O	P	L	G	A	D	S	A
C	A	M	S	E	T	U	I	O	E	E	F	T	Y	U	I
E	B	A	N	D	E	I	R	A	D	E	O	X	A	L	A
S	O	K	L	J	M	N	M	A	I	I	R	B	V	G	C
T	C	V	V	B	H	H	J	J	V	C	Ç	X	C	V	F
A	X	C	V	B	I	U	I	J	I	B	A	B	N	M	N
R	V	I	D	A	M	B	N	V	N	B	H	F	C	C	A
A	E	R	T	F	D	X	S	F	A	H	W	H	K	L	J
V	B	A	R	U	A	N	D	A	E	T	M	T	D	F	F

Oração do Professor

Antonio Pedro Schlindwein

Dai-me, Senhor, o dom de ensinar; dai-me esta **GRAÇA** que vem do amor. Mas, antes de ensinar, Senhor, dai-me o **DOM** de aprender. **APRENDER** a ensinar. Aprender o amor de ensinar.

Que o meu ensinar seja simples, humano e **ALEGRE** como o amor de aprender sempre.

Que eu **PERSEVERE** mais no aprender do que no ensinar. Que a minha sabedoria **ILUMINE** e não apenas **BRILHE**. Que o meu **SABER** não domine ninguém, mas leve a **VERDADE**.

Que meu conhecimento não produza **ORGULHO**, mas **CRESÇA** e se **ABASTEÇA** da **HUMILDADE**. Que minhas **PALAVRAS** não firam e nem sejam dissimuladas, mas animem as faces de quem procura a **LUZ**.

Que a minha **VOZ** nunca assuste, mas seja a **PREGAÇÃO** da esperança. Que eu aprenda que quem não me entende precisa ainda mais de mim, e que nunca lhe destine a presunção de ser **MELHOR**.

Dai-me, Senhor, também a sabedoria do desaprender, para que eu possa trazer o **NOVO**, a **ESPERANÇA**, e não ser um perpetuador das desilusões. Dai-me, Senhor, a **SABEDORIA** do aprender.

Deixa-me **ENSINAR** para distribuir a sabedoria do **AMOR**.

Caça-Palavras

A	P	R	E	N	D	E	R	S	X	S	Z	X	V	H	H	K	S
L	Y	U	I	O	P	L	P	Z	F	Z	R	D	O	M	Z	E	A
E	M	W	R	M	G	T	H	T	G	T	T	U	I	O	V	I	B
G	C	S	E	E	C	E	U	X	U	C	R	E	S	Ç	A	X	E
R	P	A	I	N	B	A	M	O	R	Z	D	E	Z	E	K	L	R
E	P	B	E	S	W	Z	I	W	Q	R	A	B	C	R	O	V	C
M	E	E	N	I	M	U	L	I	U	K	I	A	J	R	Ã	T	E
A	S	D	R	N	Y	U	D	X	A	B	A	S	T	E	Ç	A	C
E	A	O	S	A	T	U	A	O	O	O	M	E	F	T	A	U	R
S	B	R	N	R	E	I	D	A	A	A	O	H	L	U	G	R	O
P	O	I	L	U	M	A	E	A	A	A	R	I	R	B	E	G	H
E	C	A	V	H	H	I	J	G	J	J	V	C	Ç	X	R	V	L
R	X	C	V	E	Q	L	E	R	E	V	E	S	R	E	P	M	E
A	V	Z	D	D	M	V	N	A	A	A	V	B	H	H	C	C	M
N	C	A	T	A	D	X	S	Ç	A	A	O	H	W	L	K	L	J
Ç	F	G	R	D	V	Z	D	A	T	T	V	G	Y	I	H	T	K
A	E	Z	T	R	D	D	T	W	W	V	O	Z	I	R	L	H	E
G	F	U	A	E	R	A	S	A	F	A	N	T	M	B	D	F	F
P	A	L	A	V	R	A	S	T	A	Q	B	J	Y	D	F	T	W

CRIPTOGRAFIA

A	B	C	D	E	F	G	H	I	J	L	M	N	O	P	Q	R	S	T	U	V	X	Z	Ç	É	Ã
7	9	21	12	22	6	5	17	3	11	4	26	2	20	15	14	1	10	19	16	18	13	23	27	28	8

07   21 07 12 07   21 01 03 07 02 27 07

14 16 22   10 22   22 12 16 21 07   10 22

05 07 02 17 07   16 26   21 03 12 07 12   08 20

Victor Hugo

Por que devemos respeitar nossos professores?

Quem aqui pode dizer que nunca teve um professor?

Ninguém, não é mesmo? Nossos primeiros professores são nossos pais. Eles nos ensinam a comer, andar, falar, nos educam e nos ensinam a sermos bons, respeitando os mais velhos e nossos mestres. Outros professores que temos são os sacerdotes e as pessoas que compõem nossa casa religiosa, pois nos ensinam o caminho do bem, o amor ao próximo e a fraternidade.

Após termos esses primeiros ensinamentos, somos encaminhados para as escolas onde encontraremos os profissionais de ensino, chamados professores, aqueles que nos ajudam a conhecer as três ciências humanas, exatas e biomédicas.

E é com a junção de todos esses professores, que temos desde que nascemos, que nos ajudam a formar nosso caráter, que descobrimos como diferenciar o bem do mal, o bom do ruim.

Por isso devemos respeitar os professores, em casa, na escola e em nossa casa religiosa, pois é pela união de todas essas pessoas que conseguimos nos preparar para a vida e formar nosso futuro. Sem eles não seríamos ninguém, sem eles não haveria médicos, engenheiros, matemáticos, sociólogos, advogados, dentistas, etc. São eles que nos ensinam nossa profissão, que nos ajudam a ter um futuro sólido, que nos ajudam a termos a capacidade para sermos professores de nossos filhos.

O que precisamos para sermos bons aprendizes? Devemos ter a capacidade de ouvir. Os antigos já nos diziam para primeiro ouvir e depois responder. Hoje em dia os jovens não conseguem ouvir porque acham que sabem tudo, pela facilidade que a internet nos dá.

Aos pais cabe a tarefa de educar seus filhos, ensinando-lhes as três palavras mágicas: ***por favor, com licença e obrigado***. Devem também estabelecer limites e orientá-los a ter respeito e consideração para com todos, principalmente com os professores, que têm a missão de prepará-los para a vida, pois o que ele aprender refletirá em seu futuro.

Então vamos respeitar nossos queridos mestres, os professores!

Mensagem da Criança

Psicrografado por Francisco Cândido Xavier, pelo espírito Meimei

Dizes que sou o **futuro**, não me desampares no **presente**.
Dizes que sou a **esperança** da **paz**, não me induzas à **guerra**.
Dizes que sou a **promessa** do **bem**, não me confies ao **mal**.
Dizes que sou a **luz** dos teus olhos, não me abandone às **trevas**.
Não espero somente o teu **pão**, dá-me luz e entendimento.
Não desejo tão só a festa do teu **carinho**, suplico-te **amor** com que me **eduques**.
Não te **rogo** apenas brinquedos, peço-te **bons exemplos** e **boas palavras**.
Não sou simples **ornamento** de teu carinho, sou alguém que te bate à porta em nome de **Deus**.
Ensina-me o **trabalho** e a **humildade**, o **devotamento** e o **perdão**.
Compadece-te de mim e orienta-me para o que seja **bom** e **justo**.
Corrija-me enquanto é tempo, ainda que eu **sofra**...
Ajuda-me hoje para que amanhã eu não te faça **chorar**.

Procure no quadro abaixo as palavras destacadas:

E	C	Y	U	I	O	D	L	L	L	N	M	A	A	S	D	N	B	D	D	N	B
S	E	R	R	R	B	T	O	R	I	R	L	H	O	O	A	V	D	E	U	S	A
P	T	I	G	Y	O	A	O	T	O	R	I	R	E	F	I	R	L	V	H	C	C
E	E	P	A	L	A	V	R	A	S	I	A	A	T	R	D	A	A	O	L	A	O
R	F	Ã	M	E	S	E	N	A	R	E	X	C	M	A	L	D	I	T	D	A	A
A	C	O	F	B	S	I	A	I	A	B	A	U	C	O	U	A	P	A	Z	E	I
N	A	Ç	A	E	X	E	M	P	L	O	S	R	H	S	Z	O	I	M	E	X	C
Ç	E	E	M	M	A	R	E	N	A	M	A	N	O	B	E	R	R	E	L	U	T
A	Y	W	A	T	I	A	N	B	U	V	L	A	R	C	A	R	I	N	H	O	M
R	A	S	J	U	G	A	T	O	Q	Ç	V	B	T	O	R	I	R	T	L	A	O
I	J	F	U	T	U	R	O	A	U	K	L	X	P	E	R	D	Ã	O	D	A	A
A	U	E	D	A	E	O	V	S	E	O	V	V	R	M	A	A	G	O	A	R	S
T	E	M	A	Z	R	Ã	B	P	S	Ã	B	T	O	O	R	J	A	I	A	A	T
R	A	P	A	P	R	E	S	E	N	T	E	S	M	V	O	U	M	D	U	D	O
A	F	Z	R	E	A	Y	U	D	V	R	L	A	E	D	H	D	O	M	I	G	E
B	O	N	S	G	B	H	R	U	D	E	D	A	S	I	C	O	R	R	I	J	A
A	A	A	W	T	Y	P	L	Q	Z	V	A	R	S	D	U	C	O	O	J	U	E
L	O	I	O	P	R	E	W	U	T	A	I	A	A	A	R	H	S	G	E	S	O
H	U	M	I	L	D	A	D	E	F	S	C	B	S	E	N	O	B	O	N	T	E
O	D	Q	R	T	Y	U	I	S	T	O	R	I	R	L	Y	I	H	T	G	O	F

A História do Papai do Céu

(Uma pequena história infantil)
Extraída do livro Adoção, uma história para adultos e crianças
autoria: Leandro Miguel

Há um certo tempo atrás, lá no céu, viviam muitas criancinhas correndo e brincando sem parar. E todos eram muito, mas muito felizes.

No meio daquelas crianças havia um menino muito bonito, inteligente e esperto que percebeu que muitos de seus amiguinhos desapareciam assim, de repente, enquanto brincava com eles e sem se saber o porquê.

Então ele, que era muito inteligente, foi conversar com o "Papai do Céu" para saber o que estava acontecendo. Aproximou-se Dele e disse:

– Papai do Céu?

– Sim, meu filho.

– Por que meus amiguinhos desaparecem no ar quando eu estou brincando com eles?

– Eles não desaparecem, meu filho. Respondeu o Papai do Céu. Eles estão indo nascer lá embaixo na Terra. Eles desaparecem aqui mas aparecem lá.

– Então, perguntou o menino, por que eu ainda não fui nascer lá na Terra?

– Porque Eu estou escolhendo uma mamãe e um papai pra você.

O menino pensou naquelas palavras e decidiu fazer um pedido.

– Posso escolher minha mamãe e meu papai? Posso? Insistiu o menino.

Papai do Céu coçou sua longa barba branca, pensou e depois de algum tempo resmungou:

– Isso nunca foi feito. Eu sempre faço a escolha. Mas como você mostrou que é muito inteligente Eu vou deixar você escolher.

O menino saiu correndo muito feliz de sua vida e, naquele mesmo dia, passou a olhar aqui pra Terra tentando escolher sua mamãe e seu papai.

Ele olhava, olhava, olhava, mas achava difícil escolher no meio de tanta gente.

Os dias foram passando até que num dado instante ele conseguiu ver uma mulher rezando aqui na Terra dizendo assim:

– Papai do Céu, manda um filhinho pra mim. Eu sei que minha barriga não cresce, mas manda mesmo assim. Eu vou amá-lo com toda força do meu coração. Ele vai ser meu Filho do Coração e eu e meu marido seremos seu papai e mamãe do coração. Por favor, Papai do Céu...

O menino, ao ouvir aquelas palavras, foi correndo para o Papai do Céu contar a grande novidade:

– Papai do Céu? Achei! Achei uma mamãe e um papai pra mim. Vem ver, vem ver!

O menino mostrou a mulher aqui embaixo na Terra para o Papai do Céu que, depois de olhar, disse:

– Meu filho, aquela mulher não pode ser sua mamãe. A barriga dela não cresce e você sabe que as crianças só nascem lá na Terra se a barriga da mamãe crescer.

– Eu sei, mas eu quero ela, eu quero! O Senhor pode fazer qualquer coisa e eu quero ser Filho do Coração daquela mamãe.

O menino gritava e chorava, e mais uma vez Papai do Céu pensou e respondeu:

– Tá bom! Então vou fazer você nascer da barriga de uma outra mamãe e vou avisar sua mamãe do coração para ir te buscar.

E assim foi. Ao mesmo tempo que o menino nasceu de uma outra barriga, Papai do Céu fez a mamãe do coração dormir e sonhar. Neste sonho, Papai do Céu mostrou como era o menino e onde ela deveria buscá-lo.

Ao acordar, a mamãe do coração ficou tão feliz que chamou seu marido e juntos foram buscar o menino.

Eles viajaram bastante até chegarem a uma cidade distante.

Lá começaram a procurar pelo lugar onde estava o menino.

Depois de muito tempo e já cansados de procurar, os dois resolveram descansar em um banco de jardim. Assim que sentaram e olharam para a frente, lá estava ela. Era a casa que o "Papai do Céu" havia mostrado no sonho e onde estava o "Filhinho do Coração".

Rapidamente correram para lá e entraram.

Dentro da casa havia muitos bebezinhos, cada um em sua caminha dormindo.

A mamãe do coração olhava todos eles, mas não encontrava o seu filhinho.

Após olhar todos eles, a mamãe do coração, quase desistindo, viu que ainda tinha um bercinho com um bebê todo coberto e enrolado em um lençol.

Toda emocionada, ela se aproximou e puxou o lençol. Pôde ver, então, o rosto do menino.

Sim, era ele, o menino que ela tinha visto no sonho.

Imediatamente ela o pegou no colo, abraçou-o e chorou de tanta felicidade.

E assim todos juntos, papai, mamãe e filho do coração voltaram para casa onde foram felizes para sempre.

"Amor e Caridade

Ah! Quando todos os homens compreenderem tudo o que encerram as palavras ***amor*** *e* ***caridade****, na Terra não haverá mais soldados nem inimigos;*
só haverá irmãos; não haverá mais olhares torvos e irritados;
só haverá frontes inclinadas para Deus!"
Allan Kardec
(1804-1869)

Quem foi e o que fez Allan Kardec?

Nascido em 3 de outubro de 1804, na cidade de Lyon (França), seu nome de batismo era Hippolite Léon Denizard Rivail, porém mais tarde adotaria o pseudônimo Allan Kardec, pois quando ele começou a escrever sobre o Espiritismo, já tinha outros livros, didáticos, escritos e não queria que as pessoas confundissem suas obras didáticas com as espíritas.

E por que *Allan Kardec*? Bem, certa vez, enquanto Rivail conversava com um *espírito*, que dizia chamar-se *Z*, este lhe disse que eles tinham sido amigos numa vida anterior, que eles haviam vivido entre os druidas,[1] nas Gálias, e o nome de Rivail, na ocasião, era Allan Kardec. As famossas Mesas Girantes chamaram a atenção de Kardec, e a partir desses fenômenos epíritas surgiu o Espiritismo.

Em 1848, na cidade de Hydesville, estado de New York, Allan Kardec foi convidado a participar de um estudo na casa de uma família metodista. Nessa casa havia duas irmãs, Katherine e Margaretta, que costumavam ouvir frequentemente fortes pancadas em seu quarto, esse estudo durou várias semanas. Passado quase um mês e comprovada a existência real das batidas, Kardec pediu a Katherine, com 9 anos de idade, que desafiasse "o batedor". Ele pediu que ela solicitasse ao espírito que repetisse as pancadas que ela daria e a resposta foi imediata. Ela batia e o espírito respondia com a mesma batida. Esse foi o marco inicial da comunicação entre o mundo material e o mundo espiritual.

Kardec passou o resto de sua vida divulgando os resultados de seus estudos e os de outros colegas. Viajou inúmeras vezes pela França e pela Bélgica entre 1859 a 1868, e escreveu vários livros e pequenos artigos para a divulgação do Espiritismo. Allan Kardec escreveu ainda muitos outros livros, entre eles se destacam *O Livro dos Médiuns*, *O Evangelho Segundo o Espiritismo*; *O Céu e o Inferno* e, finalmente, *A Gênese*. Sempre lúcido e lógico, soube como enfrentar a oposição e difamação de

1. Os druidas eram sacerdotes e sarcedotisas dedicados ao estudo do aspecto feminino da divindade: a ***Deusa***. Mas eles sabiam que todas as ideias existentes a esse respeito eram apenas parciais. Assim, todos os deuses e deusas do mundo nada mais seriam que aspectos de um só Ser supremo.
Eles faziam dos campos e das florestas mais belas – principalmente onde houvesse antigos carvalhos – os locais de suas cerimônias. Os druidas eram parte da antiga civilização celta. Dominavam muito bem todas as áreas do conhecimento humano, cultivavam a música, a poesia, tinham notáveis conhecimentos de medicina natural, de fitoterápia, de agricultura e astronomia, e possuíam um avançado sistema filosófico. A mulher tinha um papel preponderante na cultura druídica, pois era vista como a imagem da Deusa, detentora do poder de unir o céu (o Deus, o eterno aspecto masculino) à terra (a Deusa, o eterno aspecto feminino). Assim, o mais alto posto na hierarquia sacerdotal druídica era exclusividade das mulheres. O mais alto posto masculino seria o de conselheiro e "mensageiro" dos deuses, e, entre outras denominações, recebiam o nome de ***Merlin***.
Das poucas coisas que sabemos sobre eles, temos a certeza de que os druidas acreditavam na Imortalidade da Alma, que buscaria seu aperfeiçoamento através das vidas sucessivas (reencarnação). Eles acreditavam que o homem era o responsável pelo seu destino de acordo com os atos que livremente praticasse. Toda a ação era livre, mas traria sempre uma consequência, boa ou má, segundo as obras praticadas. Quanto mais cedo o homem despertasse para a responsabilidade que tinha nas mãos por seu próprio destino, melhor. Ele teria ainda a ajuda dos espíritos protetores e sua liberação dos ciclos reencarnatórios seria mais rápida. Ele também teria a grande responsabilidade de passar seus conhecimentos adiante, para as pessoas que estivessem igualmente aptas a entender essa lei, conhecida hoje por ***lei do carma*** Os druidas desapareceram paulatinamente da história à medida que crescia o domínio da Igreja de Roma. Os grandes sacerdotes druidas eram conhecidos como ***as serpentes da sabedoria.***

inimigos com dignidade e nobreza. Seu desencarne ocorreu em 31 de março de 1869, aos 65 anos de idade, causado por um colapso cardíaco.

Muitos acreditam que Umbanda não tem nada a ver com o Espiritismo, porém não se pode falar de Umbanda sem se falar de Espiritismo. Porque na Umbanda nós trabalhamos com o fenômeno da incorporação, e o que nós incorporamos? Espíritos.

Espíritos de luz que chegam até nós para nos ajudar, que são nossas queridas entidades, os Caboclos, os Pretos-Velhos, e todas as outras.

Nossas entidades nada mais são do que Espíritos de Luz, então nós trabalhamos com espíritos, logo somos espíritas. Segundo o grande mestre Allan Kardec, todos aqueles que trabalham com espíritos estão praticando o Espiritismo.

É claro que não seguimos a mesma doutrina de Allan Kardec, porém tudo é Espiritismo; o homem é que o fragmentou, dividiu, em diversos segmentos, diversas partes, como Kardecismo, Umbanda, Mesa Branca, etc.

É claro que a gente sabe que não foi Allan Kardec que descobriu o Espiritismo, porque o Espiritismo é uma coisa divina que independe de descobrimento. As manifestações espíritas já existiam muito antes de Allan Kardec, assim como a Umbanda já existia muito antes de Zélio de Moraes, porém foi Allan Kardec quem nos trouxe a codificação do Espiritismo e foi ele quem deu a devida credibilidade de sua existência porque ele era um estudioso de fenômenos paranormais, assim como foi por meio de nosso querido Zélio de Moraes que nossa amada Umbanda foi propagada por todo o Brasil.

PARANORMAL: tudo o que está além do normal, ou seja, tudo aquilo que a ciência não pode explicar.

ESPIRITISMO: Doutrina baseada na crença da sobrevivência da alma e da existência de comunicação entre os vivos e os mortos.

ESPÍRITO: A parte imaterial do ser humano, a alma.

Exercícios:

1 – Quem foi Allan Kardec?

2 – O que ele fez?

3 – Como surgiu a ideia do nome Allan Kardec e por que houve a necessidade de usar este pseudônimo?

4 – Como ocorreu a primeira comunicação comprovada entre o mundo material e o mundo espiritual?

CRUZADINHA

1 – Primeiro livro espírita escrito por Kardec
2 – A quem Allan Kardec pediu ajuda para desafiar "o batedor"?
3 – O que chamou a atenção de Kardec e o levou a iniciar sua investigação sobre a existência do espírito?
4 – Qual a idade de Katherine quando começou a ajudar Kardec em sua pesquisa?
5 – Qual o nome do codificador do Espiritismo?
6 – Nome da cidade onde Allan Kardec nasceu
7 – Como é chamado o Espiritismo depois de Kardec?
8 – Qual a nacionalidade de Rivail?
9 – Nome que Allan Kardec usava antes de assumir seu pseudônimo
10 – Que nome se dá à pessoa que encorpora um espírito?

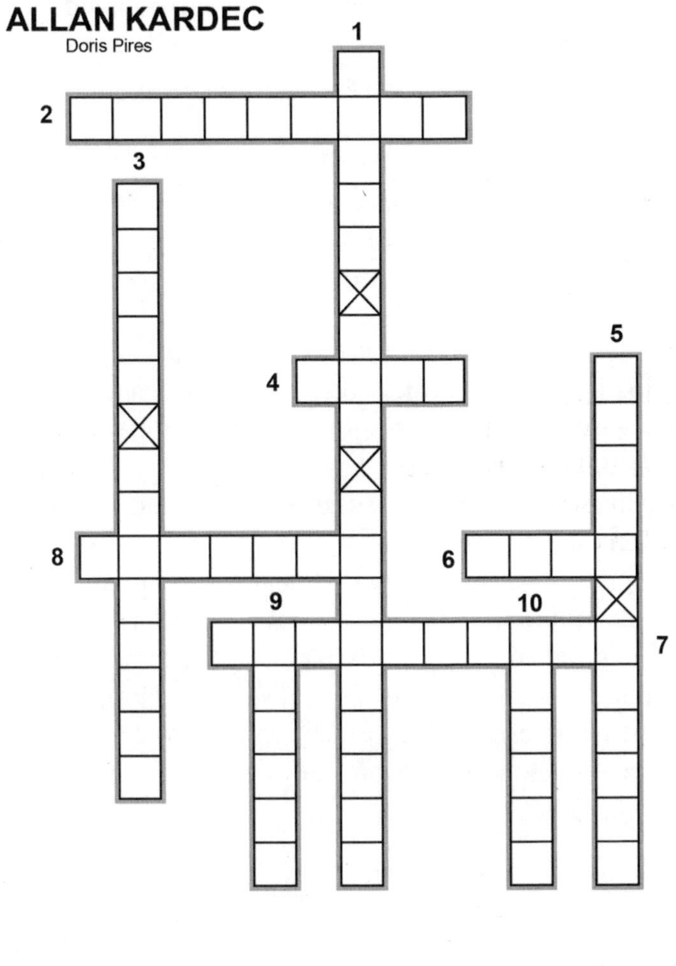

Religião

A CIÊNCIA multiplica as possibilidades dos sentidos e a filosofia aumenta os recursos do raciocínio, mas a religião é a força que alarga os potenciais do sentimento.

Por isso mesmo, no coração mora o centro da vida. Dele partem as correntes imperceptíveis do desejo que se transformam em pensamentos e só depois se materializam nas palavras, nos atos e nas obras de cada dia.

Na correria do dia a dia, há quem menospreze a religiosidade, acreditando que seja um artifício do sacerdócio ou da política, porém, é na prática da fé que encontraremos as regras da conduta e da moralidade de que necessitamos para o crescimento de nossa vida mental e social.

O mundo se tornou mais humano por causa da religiosidade. Por séculos e séculos e muitas reencarnações, estamos evoluindo adquirindo inteligência, pelo que vivenciamos em cada encarnação. E não é somente a razão o fruto de nosso aprendizado, mas também a luz espiritual, com o que, pouco a pouco, aperfeiçoamos a nossa mente.

A religião é a força que está edificando a Humanidade. É a fábrica invisível do caráter e do sentimento.

Milhões de pessoas encarnadas guardam, ainda, muita agressividade. Possuem coração para sentir o bem, porém, guardam impulsos de crueldade. O instinto da pantera, a peçonha da serpente, a voracidade do lobo, ainda reinam no psiquismo de inúmeras pessoas.

Só a religião consegue apagar as mais profundas e escondidas necessidades maléficas do ser humano, alterando, gradativamente, as características da alma, elevando-lhe o padrão vibratório, através da melhoria crescente de suas relações com o mundo e com os seus semelhantes.

A fé nasceu do medo, pois nos primórdios, para que se pudesse controlar a ira das pessoas, foi ensinado que o Divino Poder guarda as rédeas da suprema justiça, infundindo respeito à vida e aprimorando o intercâmbio das almas. Dela vem o sentimento real da fraternidade, e embora as formas iniciais de religião, na Antiguidade, muitas vezes incentivando a perseguição e a morte, em sacrifícios e flagelações deploráveis, e apesar das lutas de separação e incompreensão que dividem os templos nos dias da atualidade, arregimentando-os para o dissídio em variadas fronteiras dogmáticas, ainda é a religião a escola soberana de formação moral do povo, dotando o espírito de poderes e luzes para a viagem da sublimação.

A ciência construirá para o homem o clima do conforto e o enriquecerá com os brasões da cultura superior; a filosofia a auxilliará com valiosas interpretações dos fenômenos em que a Eterna Sabedoria se manifesta, mas somente a fé, com os seus estatutos de perfeição íntima, consegue preparar nosso espírito imperecível para a ascensão à glória universal.

Releitura do texto extraído do livro "Roteiro",
de Francisco Cândido Xavier – Emmanuel,
feito em linguagem simplificada pela autora para maior
compreensão de todas as idades.

Anjo da Guarda

Podemos chamá-lo de Espírito Protetor, Anjo Guardião, Anjo da Guarda, não importa, o que importa é que ele sempre está lá, orientando-nos sempre para o caminho do bem.

Todos nós temos um Espírito protetor, ele nos acompanha desde o nosso nascimento e em qualquer situação estará sempre ao nosso lado. Sempre que a vida nos coloca à prova podemos ter certeza de que ele está conosco, sempre nos conduzindo pelo caminho do bem e da evolução. Quando acertamos e optamos pelo bem, ele fica feliz, pois vê o resultado de seu esforço, mas quando não sabemos ouvi-lo e apesar de toda sua insistência optamos pelo caminho do mal, ele sofre e fica muito triste.

O nosso Anjo da Guarda é aquele que nos protege a todo instante de nossas vidas...

Com certeza os Anjos da Guarda são tão importantes para os médiuns quanto os próprios Orixás e entidades. Quando o médium vai incorporar, o Anjo da Guarda se afasta para que a entidade se aproxime; quando a entidade vai embora, ou seja, quando o médium desincorpora, o Anjo da Guarda se aproxima para manter o equilíbrio do médium, por isso é comum vermos os cambones dizerem "fulano, seu Anjo da Guarda te chama" quando o médium desincorpora, ou seja, estão chamando seu espírito de volta.

Quando as entidades estão consultando alguém que está com problemas, é comum pedir que acendam uma vela para o seu Anjo da Guarda. Essa vela deverá estar sempre em local alto, acima da cabeça da pessoa, o que simboliza que a vela está iluminando a cabeça, para que o Anjo e a pessoa se fortaleçam, ou seja, para que o Anjo da Guarda se aproxime.

Deus, quando nos deu nosso Anjo da Guarda, nos deu um guia para afastar de nós os espíritos maus, não permitindo que fiquem ao nosso lado nos influenciando negativamente. Devemos sempre seguir o caminho do bem, assim nosso anjo guardião estará sempre feliz e próximo de nós, pois só depende de nós nos afastarmos dos maus espíritos.

1 – Vamos colorir?

Prece ao Anjo da Guarda

O Evangelho segundo o Espiritismo - *Allan Kardec - capítulo XXVIII - II - 14.*

Espíritos bem-amados, **anjos guardiães** que, com a permissão de **Deus**, pela sua infinita **misericórdia**, olha pelos homens, sede nossos **protetores** nas provas da vida terrena. Dai-nos **força**, **coragem** e **resignação**; inspirai-nos tudo o que é bom, defendenos no declive do mal; que a vossa **bondosa** influência nos penetre a **alma**; fazei com que sintamos que um **amigo** devotado está ao nosso lado, que vê os nossos sofrimentos e partilha das nossas alegrias.

E vós, meu **anjo bom**, nunca me abandones. Necessito de toda a vossa **proteção**, para suportar com **fé** e **amor** as **provas** que Deus quiser enviar-me.

2 – Procure no quadro abaixo as palavras destacadas:

A	Q	S	A	V	O	R	P	R	S	B	O	N	D	O	S	A
N	U	P	G	J	M	E	V	A	N	G	E	L	H	O	D	E
J	F	R	P	P	R	O	T	E	T	O	R	E	S	M	D	S
O	S	O	A	I	R	I	T	O	S	L	E	A	E	I	E	U
B	A	V	S	S	I	E	O	D	O	A	M	M	M	S	U	W
O	O	A	N	J	O	S	G	U	A	R	D	I	O	E	S	T
M	T	S	S	E	A	P	U	R	U	A	I	G	E	X	P	M
G	A	T	T	N	M	I	S	E	R	I	C	O	R	D	I	A
V	F	V	A	A	S	R	O	R	E	L	O	R	I	A	K	L
U	E	S	P	I	R	I	T	O	S	E	A	O	E	A	M	M
F	O	O	G	I	D	T	Ã	A	U	O	O	F	D	R	D	A
U	M	Y	R	E	S	I	G	N	A	Ç	Ã	O	E	N	O	R
P	I	T	I	S	M	S	H	I	M	A	T	R	L	E	A	O
C	O	R	A	G	E	M	P	R	O	T	E	Ç	Ã	O	E	R
D	U	F	É	L	A	O	U	E	R	I	T	A	W	R	R	E

3 – Ensinar as crianças como fazer uma muda de feijão, enrolando um grão de feijão em um pedaço de algodão, colocar em um copinho plástico e regar todos os dias. Cada criança deverá, com o auxilio de algum responsável, regar a sementinha todos os dias, até a próxima aula.

Na próxima aula, as mudas já estarão crescendo. Então, a professora explicará quais os cuidados que se deve ter para que uma plantinha cresça bonita e saudável e perguntar o que eles acharam da experiência de cuidar da plantinha, fazendo uma relação entre os cuidados que eles devem ter com a plantinha e os cuidados que o Anjo da Guarda tem com eles, desde o nascimento até o nosso desencarne.

4 – Outra forma de tentarmos mostrar como age um Anjo da Guarda é separar as crianças em duplas, onde uma fica de olhos vendados e o outra será seu guia, montar um caminho com obstáculos e uma dupla de cada vez fará o trajeto. O vendado será guiado verbalmente pelo amigo que agora representa o Anjo da Guarda e os demais irão tentar atrapalhar dando informações erradas, porém sem tocar no colega. Depois que todos tiverem feito o percurso, deverão conversar sobre a experiência refletindo sobre quem seriam as pessoas que tentam nos atrapalhar e por que, às vezes, mesmo sabendo e recebendo a orientação certa de nosso Anjo da Guarda agimos de forma errada.

5 – CRIPTOGRAFIA

A	B	C	D	E	F	G	H	I	J	L	M	N	O	P	Q	R	S	T	U	V	X	Z	Ç	É	Ã
7	9	21	12	22	6	5	17	3	11	4	26	2	20	15	14	1	10	19	16	18	13	23	27	28	8

___ ___ ___ ___ ___ ___ ___ ___ ___ ___ ___ ___ ___ ___, ___ ___ ___ ___ ___ ___ ___
22 18 20 10 26 22 16 07 02 11 20 09 20 26 02 16 02 21 07 26 22

___ ___ ___ ___ ___ ___ ___ ___ ___ ___ ___ ___ ___ ___ ___ ___ ___ ___ ___ ___
07 09 07 02 12 20 02 22 10 02 22 21 22 10 10 03 19 20 12 22

___ ___
19 20 12 07 18 20 10 10 07 15 01 20 19 22 27 08 20 15 07 01 07

___ ___ ___ ___ ___ ___ ___ ___ ___ ___ ___ ___ ___ ___ ___ ___ ___ ___ ___ ___
10 16 15 20 01 19 07 01 21 20 26 06 28 22 07 26 20 01 07 10

___ ___ ___ ___ ___ ___ ___ ___ ___ ___ ___ ___ ___ ___ ___ ___ ___ ___ ___
15 01 20 18 07 10 14 16 22 12 22 16 10 14 16 03 10 22 01

___ ___ ___ ___ ___ ___ ___ ___
22 02 18 03 07 01 26 22

Trecho extraído da *Oração ao Anjo da Guarda*

Existem espíritos que se ligam a um indivíduo para o proteger. Esse espírito é chamado de anjo **GUARDIÃO.**

O anjo guardião é um espírito de uma ordem **ELEVADA.**

O anjo guardião tem como missão **GUIAR** seu protegido no bom caminho, ajudá-lo com seus **CONSELHOS**, **CONSOLAR** suas aflições e **SUSTENTAR** sua coragem nas provas da vida.

O espírito protetor liga-se ao indivíduo depois do seu nascimento e até a morte e muitas vezes o segue na vida **ESPIRITUAL**.

O anjo guardião se afasta quando vê que seus conselhos estão sendo inúteis. Quando damos ouvidos aos espíritos inferiores. Ele sempre **RETORNA** quando chamado.

Mesmo que nosso anjo guardião se afaste de nós, ele **NUNCA** nos fará nem desejará nosso mau.

Chegará um momento em que não precisaremos mais de um protetor. Mas isso não acontecerá enquanto estivermos encarnados no planeta **TERRA**.

O espírito protetor fica feliz quando vê seu protegido vencer. Sofre quando vê seus erros. Ele faz tudo que pode para nos ajudar e não é **PUNIDO** quando fracassamos.

(*O Livro dos Espíritos* – Livro segundo – Capítulo IX – perguntas 489 até 521)

6 – Procure no quadro abaixo as palavras destacadas:

A	Q	W	G	U	I	A	R	R	S	Y	T	B	P	Z
T	E	H	N	J	M	K	F	G	U	A	D	I	Ã	O
T	L	F	G	H	I	L	O	L	D	R	H	N	M	B
W	E	S	P	I	R	I	T	U	A	L	E	L	H	T
S	V	A	U	H	V	K	O	R	O	O	I	M	K	E
D	A	O	G	U	N	M	K	T	U	N	S	A	M	R
F	D	T	U	I	U	W	I	Y	H	J	U	A	T	R
R	A	G	C	O	N	S	E	L	H	O	S	A	D	A
O	J	V	O	T	C	G	T	B	A	M	T	T	C	G
P	E	I	N	H	A	Y	E	B	D	P	E	G	Q	H
U	O	F	S	N	T	N	E	X	P	U	N	I	D	O
T	A	U	O	D	G	I	D	V	H	T	T	R	H	J
G	A	G	L	B	L	P	X	H	G	R	A	F	D	M
V	D	F	A	P	N	O	R	E	T	O	R	N	A	K
L	R	D	R	D	U	R	C	L	A	Y	C	B	G	W

A Prece

"A prece é um ato de adoração. Orar a Deus é pensar nele; é aproximar-se dele; é pôr-se em comunicação com ele. A três coisas podemos propor-nos por meio da prece: louvar, pedir, agradecer."

Aquele que ora com fervor e confiança se faz mais forte contra as tentações do mal e Deus lhe envia bons Espíritos para assisti-lo. O essencial não é orar muito e sim orar bem, com o coração."

Livro dos Espíritos – *Terceira Parte – Capitulo II*

"A Oração é a divina voz do espírito no grande silêncio."

Emmanuel

"A oração é acima de tudo, sentimento. É vibração, energia, poder. A Oração é o mais eficiente antídoto para o vampirismo. A Oração é prodigioso banho de forças, tal a rigorosa corrente mental que atrai."

André Luiz

"A oração é o meio imediato de nossa comunhão com o Pai Celestial."

Meimei

"Assim como os medicamentos curam o corpo e lhe dão energia, a oração é a vitamina da alma."

Bezerra de Menezes

Quem gostaria de falar com Deus? Todos nós, não é mesmo? É para isso que usamos a prece. A prece nada mais é do que uma conversa com Deus, com os Orixás, com as entidades, com o Anjo da Guarda. É como se fosse uma conversa "pelo telefone", em que não vemos a pessoa, mas sabemos que ela está lá. Não há necessidade de ser uma conversa com palavras difíceis, nem decoradas, deve ser uma conversa simples, sincera, vinda do coração, uma conversa honesta, pois só precisamos do coração para falar. Deus nos ouve com o coração! Quando usamos a sinceridade, a honestidade e o coração, nossas palavras se transformam, elas sobem, sobem e chegam até Deus, como se fossem bolinhas de sabão, que sobem até o céu.

Quando vamos rezar é bom escolhermos um lugar tranquilo, porém podemos rezar em qualquer parte, porque Deus está em todos os lugares, mas num lugar tranquilo nossa concentração é mais fácil. Em nossas orações devemos pedir a Deus que nos ajude na vida, desvie-nos do mal, torne-nos humildes e bondosos, que cuide e proteja nossos entes queridos e nos mostre sempre o caminho do bem, fazendo com que nosso progresso espiritual seja mais fácil. Devemos também pedir a Deus pelos que sofrem, pelos doentes, pelos ignorantes e pelos maus, pelos nossos inimigos, pelos nossos entes queridos que já nos deixaram, por aqueles que não têm quem peça por eles e por aqueles que por algum motivo não rezam ou não sabem rezar.

Nossa! Mas por que devemos pedir pelos ignorantes, pelos maus, pelos inimigos? Porque devemos pedir a Deus que abrande seus corações, que eles se encham de alegria, que consigam de alguma forma resolver seus problemas, porque assim, o ignorante se tornará um sábio, o mal se transformará em bem, e nossos inimigos se tornarão nossos amigos. Com nossas preces poderemos de alguma forma amolecer seus corações e transformá-los em pessoas melhores. Este é o segredo da prece, da oração: a transformação!

EXERCÍCIOS:

1 – Criptografia

A	B	C	D	E	F	G	H	I	J	L	M	N	O	P	Q	R	S	T	U	V	X	Z	Ç	É	Ã
7	9	21	12	22	6	5	17	3	11	4	26	2	20	15	14	1	10	19	16	18	13	23	27	28	8

10 22 02 17 20 01   11 22 10 16 10   26 22   07 11 16 12 22   07

15 22 02 10 07 01   10 22 26 15 01 22   02 20   09 22 26,   06 07 04 07 01

12 20   09 22 26   22   14 16 22 01 22 01   19 20 12 20 10   09 22 26

22 26   02 20 26 22   12 20   15 07 03   12 20   06 03 04 17 20   22   12 20

22 10 15 03 01 03 19 20   10 07 02 19 20   07 26 22 26

2 – Propor a brincadeira da batata quente, sugerimos que o professor anote as respostas para que assim possam fazer uma pequena reflexão sobre os resultados.

Sugestões para perguntas:

a – Quando devemos fazer uma prece?

b – Para que devemos fazer uma prece?

c – Quando fazemos uma prece, devemos pedir só por nós?

d – Quando desejamos muito uma coisa, é só fazer uma prece, e vamos conseguir?

e – Por que fazemos uma prece no início e no final da aula?

f – Precisamos decorar as preces?

g – Qual foi a oração que Jesus nos ensinou?

h – Existe apenas um tipo de prece?

3 – Pedir que cada um faça mentalmente uma prece, fazendo um pedido, e soltar uma bolinha de sabão, representando seu pedido subindo até Deus.

4 – Perguntar que tipo de oração fizeram, se foi para louvar, agradecer ou pedir. Somar o número de orações para louvar, para agradecer e para pedir que foram feitas naquele momento e conversar sobre esta questão. Neste momento Deus se fortaleceu mais? (recebeu mais orações de louvação e agradecimento) ou teve mais trabalho? (mais preces para pedir), e fazer uma comparação com todas as pessoas do mundo baseada no resultado daquele momento.

5 – Vamos colorir?

Caça-Palavras

Oração a São Jorge

Prece para pedir proteção

Chagas abertas, sagrado **coração** de todo **amor** e **bondade**, o sangue do senhor **Jesus Cristo** no meu corpo se derrame.

Hoje e sempre andarei vestido e armado com as armas de **São Jorge**, para que meus inimigos, tendo pés não me alcancem, tendo mãos não me peguem, tendo olhos não me enxerguem, e nem em pensamentos eles possam me fazer mal.

As armas de fogo o meu corpo não alcançarão, facas e **lanças** se quebrarão sem ao meu corpo chegar, cordas e correntes se arrebentarão sem o meu corpo amarrar.

Jesus Cristo me **proteja** e me defenda, com o **poder** de sua santa e **divina** graça; a Virgem Maria de Nazaré me cubra com o seu **sagrado** e divino manto, protegendo-me, em todas as minhas dores e aflições; Deus com a sua divina **misericórdia** e grande poder, seja meu **defensor** contra as maldades e perseguições dos meus inimigos; e o glorioso São Jorge, em nome de Deus, em nome da Virgem Maria de Nazaré, em nome da **falange** do Divino Espírito Santo, proteja-me com seu **escudo** e as suas poderosas armas, defendendo-me, com a sua força e com a sua grandeza, contra o poder dos meus inimigos carnais e espirituais, e contra todas as suas más influências, e que, debaixo das patas do seu **fiel cavalo**, os meus inimigos fiquem humildes e submissos, sem se atreverem a ter um olhar sequer que me possa prejudicar.

Assim seja, com o poder de Deus e de Jesus e da falange do **Espírito Santo**.

Oração extraída do livro Orações Umbandistas de Todos os Tempos

Compilação de Ernesto Santana – Editora Pallas

6 – Procure no quadro abaixo as palavras destacadas:

C	Q	W	G	B	I	D	E	F	E	N	S	O	R	Q	E	E
T	E	H	N	O	M	K	F	G	U	A	F	T	X	E	S	S
M	L	F	G	N	I	L	O	L	J	R	H	N	M	L	P	P
I	E	E	P	D	R	C	T	U	E	S	C	U	D	O	W	I
S	A	G	R	A	D	O	O	R	S	O	I	M	K	A	F	R
E	A	R	G	D	N	R	K	S	U	E	D	A	L	A	A	I
R	R	O	T	E	J	A	I	Y	S	J	R	A	A	R	L	T
I	A	J	C	O	N	Ç	E	L	C	O	O	A	N	A	A	O
C	J	O	O	T	C	Ã	T	B	R	M	F	T	Ç	J	N	S
O	C	Ã	V	A	L	O	E	D	I	V	I	N	A	C	G	A
R	O	S	S	M	T	N	E	X	S	U	E	I	S	O	E	N
D	A	U	P	O	D	E	R	V	T	T	L	R	H	A	K	T
I	O	S	E	R	L	P	X	H	O	R	S	F	D	O	S	O
A	D	F	A	P	N	O	R	E	T	O	I	N	A	D	K	K
L	P	E	D	I	R	S	Ã	O	J	O	R	G	E	R	W	W

Prece de Cáritas

Prece para pedir para si e para o próximo

Deus nosso pai, vós que sois todo poder e bondade, dai a força àquele que passa pela provação. Dai a luz àquele que procura a verdade. Ponde no coração do homem a compaixão e a caridade. DEUS, dai ao viajor a estrela guia, ao aflito a consolação, ao doente o repouso.

PAI, dai ao culpado o arrependimento, ao espírito a verdade, a criança o guia, ao órfão o pai.

SENHOR, que a vossa bondade se estenda sobre tudo que criaste.

Piedade, Senhor, para aqueles que não vos conhecem, e esperança para aqueles que sofrem. Que a vossa bondade permita aos espíritos consoladores derramarem por toda parte a paz, a esperança e a fé.

DEUS, um raio, uma faísca do vosso amor pode abrasar a terra.

Deixai-nos beber nas fontes desta bondade fecunda e infinita, e todas as lágrimas secarão, todas as dores acalmar-se-ão, um só coração, um só pensamento subirá até vos, como um grito de reconhecimento e de amor.

Como Moisés sobre a montanha nos lhe esperamos com os braços abertos. Oh poder! Oh bondade! Oh beleza! Oh perfeição! E queremos de alguma sorte alcançar vossa misericórdia.

DEUS, dai-nos a força de ajudar o progresso a fim de subirmos até vós. Dai-nos a caridade pura. Dai-nos a fé e a razão. Dai-nos a simplicidade, que fará de nossas almas... um espelho onde se refletirá a vossa santa e misericordiosa imagem.

Psicografada na noite de 25 de dezembro de 1873 pela médium Madame W. Krill, num círculo espírita de Bordeaux, França.

7 - CRUZADINHA

1 – Qual é a oração em que pedimos a Deus por nós e pelo próximo?
2 – A Prece de Cáritas é uma...
3 – O que Deus nos envia quando oramos?
4 – Qual o tipo de mediunidade utilizado por Madame W. Krill, para trazer até nós a "Prece de Cáritas"
5 – Nesta oração pedimos a Deus que dê ao Espírito a...
6 – Na Prece de Cáritas, pedimos a Deus que os espíritos consoladores derramem por toda parte a paz, a fé e a...
7 – Podemos orar a Deus, ao Anjo da Guarda, aos Orixás e as...
8 – A forma mais fácil de nossa oração chegar até Deus é através do...
9 – A prece é uma forma de... com Deus.
10 – A quem elevamos nossas orações?
11 – Quando oramos apenas, sem nada pedir ou agradecer, estamos orando para...
12 – A prece é um ato de...
13 – Quando pedimos algo a Deus, aos Orixás, as entidades ou ao Anjo da Guarda e somos atendidos devemos orar para...
14 – O que secará se Deus nos deixar beber nas fontes de sua bondade fecunda e infinita?

Pai-Nosso da Umbanda

(autor desconhecido)

Pai nosso que estais nos céus, nos mares, nas matas e em todos os mundos habitados, santificado seja o teu nome, pelos teus filhos, pela natureza, pelas águas, pela luz e pelo ar que respiramos.

Que o teu reino, reino do bem, do amor e da fraternidade nos una a todos e a tudo que criaste, em torno da sagrada cruz, aos pés do divino salvador e redentor.

Que a tua vontade nos conduza sempre para o culto do amor e da caridade; dai-nos hoje e sempre a vontade firme, para sermos virtuosos e úteis aos nossos semelhantes; dai-nos hoje o pão do corpo, o fruto das matas e a água das fontes para o nosso sustento material e espiritual.

Perdoa, se merecermos, as nossas faltas, e dê o sublime sentimento do perdão para os que nos ofendam; não nos deixei sucumbir ante a luta, dissabores, ingratidões, tentações dos maus espíritos e ilusões pecaminosas da matéria.

Enviai, Pai, um raio da tua divina complacência, luz e misericórdia para os teus filhos, pecadores que aqui labutam pelo bem da humanidade.

Que assim seja.

1 – Perguntar sobre a prece mais conhecida, o "Pai-Nosso", e fazê-la.

2 – Fazer um breve estudo sobre essa oração, explicando em linguajar simples o que essa oração nos ensina e o que deseja alcançar, mostrando que tanto o "Pai-Nosso" original, como o "Pai-Nosso" umbandista mantém em sua ênfase os mesmos desejos, mudando apenas a forma de se dirigir a Deus.

3 – Mostrar que nenhuma oração é igual a outra, porque apesar de ter as mesmas palavras, quando "enviamos" nossa oração a Deus, cada pessoa tem motivos diferentes, ou seja, seus desejos,

agradecimentos, louvores, etc., são diferentes uns dos outros. Podemos fazer a mesma oração, para diversos fins, e cada uma, apesar de ter as mesmas palavras, chegará até Deus de uma forma diferente.

4 – O nome da prece que Jesus nos ensinou é:____________________

Fé

Segundo Kardec, "*A fé espírita deve ser sincera, convicta, lógica, plenamente suportada pela razão, mas sem se deixar contaminar pela frieza hierática do racionalismo estéril e vazio*".

Do ponto de vista religioso, a fé consiste na crença em dogmas especiais, que constituem as diferentes religiões.

A fé necessita de uma base, base que é a inteligência perfeita daquilo em que se deve crer. E para crer, não basta *ver*, é preciso, sobretudo, compreender. A fé cega já não é deste século, tanto assim, que precisamente o dogma da fé cega é que produz hoje o maior número dos incrédulos, porque ela pretende impor-se, exigindo a abdicação de uma das mais preciosas prerrogativas do homem: o raciocínio e o livre-arbítrio. Não admitindo provas, ela deixa no espírito alguma coisa de vago, que dá nascimento à dúvida. A fé raciocinada, por se apoiar nos fatos e na lógica, nenhuma obscuridade deixa. A criatura então crê, porque tem certeza, e ninguém tem certeza senão porque compreendeu. *Fé inabalável só é a que pode encarar de frente a razão, em todas as épocas da Humanidade.*

Inspiração divina, a fé desperta todos os instintos nobres que encaminham o homem para o bem. É a base da regeneração.

A fé sincera é empolgante e contagiosa; comunica-se com os que não a tinham, ou mesmo que não desejariam tê-la.

Tende, pois, a fé, com o que ela contém de belo e de bom, com a sua pureza, com a sua racionalidade. Não admitas a fé sem comprovação, cega, filha da cegueira. Amai a Deus, mas sabendo por que o amais; crede nas suas promessas, mas sabendo por que acreditais nelas; segui os nossos conselhos, mas compenetrados do fim que vos apontamos e dos meios que vos trazemos para o atingirdes. Crede e esperai sem desfalecimento: os milagres são obras da fé. – José, Espírito Protetor (Bordéus, 1862.)

O Evangelho Segundo o Espiritismo – *Capítulo XIX*

Se tens Fé

Em Doutrina Espírita, fé representa dever de raciocinar com responsabilidade de viver.

Desse modo, não te restrinjas à confiança inerte, porque a existência em toda parte nos honra, a cada um, com a obrigação de servir.

Se tens fé, não permitirás que os eventos humanos te desmantelem a fortaleza do coração.

Transitarás no mundo, sabendo que o Divino Equilíbrio permanece vigilante e, mesmo que os homens transformem o lar terrestre em campo de lodo e sangue, não ignoras que a Infinita Bondade converterá um e outro em solo adubado para que a vida refloresça e prossiga em triunfo.

Se tens fé, não registrarás os golpes da incompreensão alheia, porquanto identificarás a ignorância por miséria extrema do espírito e educarás generosamente a boca que injuria e a mão que apedreja.

Ainda que os mais amados te releguem à solidão, avançarás para frente, entendendo e ajudando, na certeza de que o trabalho te envolverá o sentimento em nova luz de esperança e consolação.

Se tens fé, não te limitarás a dizê-la simplesmente, qual se a oração sem as boas obras te outorgasse direitos e privilégios inadmissíveis na Justiça de Deus, mas, sim, caminharás realizando a vontade do Criador, que é sempre o bem para todas as criaturas.

Se tens fé, sustentarás, sobretudo, o esforço diário do próprio burilamento, através das pequeninas e difíceis vitórias sobre a natureza inferior, como sendo o mais alto serviço que podes prestar aos outros, de vez que, aperfeiçoando a nós mesmos, estaremos habilitando a consciência para refletir, com segurança, o amor e a sabedoria da Lei.

Psicografia: Francisco Cândido Xavier/Waldo Vieira – Pelo Espírito: Emmanuel

Livro: O Espírito da Verdade

EXERCÍCIOS:

1 - Jogo de boliche: - cada uma das garrafas do boliche deve estar etiquetada com algum sentimento ou situação que poderão ser derrubados pela fé (tristeza, medo, doença, brigas, desentendimentos...), a bola de boliche representará a fé, e assim começamos a brincadeira para ver que a fé derruba qualquer obstáculo conseguindo, assim, superar mais as situações em nossas vidas.

A cada garrafa que a bola derrubar, façam uma reflexão sobre o que a fé derrubou e pergunte aos alunos qual seria o obstáculo que a fé derrubaria se fosse o caso dele, por exemplo obstáculo do medo – a criança pode ter medo do escuro e a fé o derrubou porque na verdade o medo do escuro nada mais é que o medo do que não se pode ver.

2 - CRUZADINHA

1 – A fé raciocinada depende da...
2 – Fé representa dever de raciocinar com... de viver.
3 – Porque a existência em toda parte nos honra, a cada um, com a... de servir.
4 – Estaremos habilitando a... para refletir
5 – Nossos protetores são...
6 – Aquele que ganha as batalhas da vida é um...
7 – O que consiste na crença em dogmas especiais, que constituem as diferentes religiões?
8 – Quando conseguimos realizar nossos pedidos, oramos para...
9 – O maior de todos os sentimentos.
10 – Transitarás no mundo, sabendo que o Divino... permanece vigilante.
11 – Não ignoras que a Infinita... converterá um e outro em solo adubado para que a vida refloresça.
12 – Transitarás no mundo, sabendo que o... Equilíbrio permanece vigilante.

3 - CRUZADINHA

1 – Deus é o... de todas as coisas.
2 – A fé vem do fundo do nosso...
3 – Estaremos habilitando a consciência para..., com segurança, o amor e a sabedoria da Lei.
4 – Ainda que os mais amados te releguem à solidão,... para a frente.
5 – A fé serve para... o equilíbrio emocional das pessoas.
6 – Fé representa dever de... com responsabilidade de viver.
7 – Não te restrinjas à... inerte.
8 – Consciência para refletir, com segurança o... e a sabedoria da Lei.
9 – Estaremos habilitando a consciência para refletir, com..., o amor e a sabedoria da Lei.
10 – Se tens fé não registrarás os golpes da... alheia.
11 – Oração musical.
12 – Quando rezamos estamos fazendo uma...

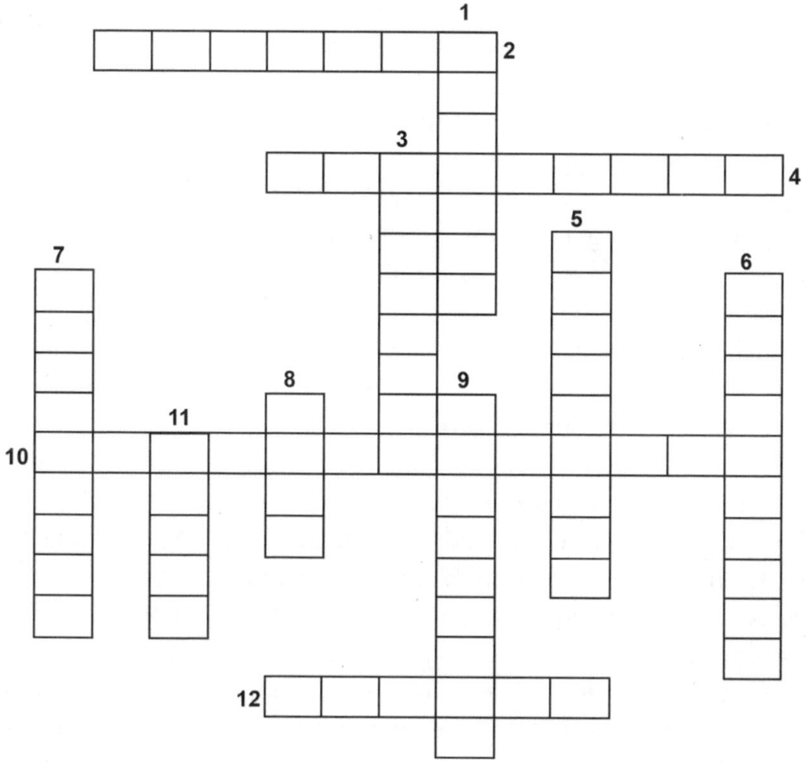

4 – Vamos refletir sobre este texto, amplamente divulgado na internet e que será de grande valia para nossos estudos:

O mal existe?

Alemanha, início do século 20.

Durante uma conferência com vários universitários, um professor da Universidade de Berlim desafiou seus alunos com esta pergunta: "Deus criou tudo o que existe?"

Um aluno respondeu valentemente: "Sim, Ele criou."

"Deus criou tudo?", perguntou novamente o professor. "Sim, senhor", respondeu o jovem. O professor respondeu: "Se Deus criou tudo, então Deus fez o mal? Pois o mal existe, e partindo do preceito de que nossas obras são um reflexo de nós mesmos, então Deus é mau?" O jovem ficou calado diante de tal resposta e o professor, feliz, se regozijava de ter provado mais uma vez que a fé era um mito. Outro estudante levantou a mão e disse: "Posso fazer uma pergunta, professor?", "Lógico", foi a resposta do professor. O jovem ficou de pé e perguntou: "Professor, o frio existe?"

"Que pergunta é essa? Lógico que existe, ou por acaso você nunca sentiu frio?", respondeu ele.

O rapaz respondeu:" De fato, senhor, o frio não existe. Segundo as leis da Física, o que consideramos frio, na realidade, é a ausência de calor. Todo corpo ou objeto é suscetível de estudo quando possui ou transmite energia, o calor é o que faz com que este corpo tenha ou transmita energia. O zero absoluto é a ausência total e absoluta de calor, todos os corpos ficam inertes, incapazes de reagir, mas o frio não existe. Nós criamos essa definição para descrever como nos sentimos se não temos calor"... "E, existe a escuridão?", continuou o estudante. O professor respondeu: "Existe."

O estudante respondeu: "Novamente comete um erro, senhor, a escuridão também não existe. A escuridão na realidade é a ausência de luz. A luz pode-se estudar, a escuridão não! Até existe o prisma de Nichols para decompor a luz branca nas várias cores de que está composta, com suas diferentes longitudes de ondas. A escuridão não! Um simples raio de luz atravessa as trevas e ilumina a superfície onde termina o raio de luz. Como pode saber quão escuro está um espaço determinado? Com base na quantidade de luz presente nesse espaço, não é assim? Escuridão é uma definição que o homem desenvolveu para descrever o que acontece quando não há luz presente".

Finalmente, o jovem perguntou ao professor: "Senhor, o mal existe?"

O professor respondeu: "Claro que sim, lógico que existe, como disse desde o começo, vemos estupros, crimes e violência no mundo todo, essas coisas são do mal". E o estudante respondeu:

"O mal não existe, senhor, pelo menos não existe por si mesmo. O mal é simplesmente a ausência do bem, é o mesmo dos casos anteriores, o mal é uma definição que o homem criou para descrever a ausência de Deus. Deus não criou o mal. Não é como a fé ou como o amor, que existem como existem o calor e a luz. O mal é o resultado da humanidade não ter Deus presente em seus corações. É como acontece com o frio quando não há calor, ou a escuridão quando não há luz".

Por volta dos anos 1900, esse jovem foi aplaudido de pé, e o professor apenas balançou a cabeça permanecendo calado. Imediatamente o diretor dirigiu-se àquele jovem e perguntou qual era seu nome?

E ele respondeu: "ALBERT EINSTEIN".

Livre-Arbítrio

É necessário que se compreenda o verdadeiro significado de arbítrio para que possamos falar sobre esse tema de fundamental importância nas raízes de ensinamento doutrinário da literatura espírita. Arbítrio significa resolução que dependa só da vontade, o que nos leva à conclusão de que livre-arbítrio determina a decisão livre, consciente e sem vícios de cada um. Muito se fala e se ensina a respeito de livre-arbítrio em nossa doutrina, entretanto, precisamos compreender que é de vital importância que se tenha dados e informações suficientes para que essa vontade livre possa ser exercida sem interferência, vícios ou a falta de conhecimento exigido para esse mister. Não se deve fazer uma opção sem ter conhecimento necessário, válido e suficiente para suportar o raciocínio dirigido e utilizado para tal decisão. Surge então a questão que é saber se é verdadeiro o exercício do livre-arbítrio quando se nega alguma coisa ou caminho que não se conhece, ou talvez se negue algo que não compreenda, sem que tivesse o esclarecimento mínimo necessário para saber optar claramente se queria ou não.

Fica, desta forma, demonstrada a grande importância de se compreender que a partir do conhecimento é que se pode então exercer o livre-arbítrio com a legitimidade esperada. Conclui-se, desta forma, que só se pode falar em exercício de livre-arbítrio a partir do momento em que se conhece os dois lados de forma real e o mais total possível, aí sim pode-se falar em opção, em caminhos, em comportamentos, em lados positivo ou negativo, com a consciência necessária e certeza válida do que se deseja, isto sim é o livre-arbítrio.

Livre-arbítrio quer dizer livre escolha, livre opção. Em todas as situações da vida, sempre temos duas ou mais possibilidades para escolher. E a cada momento a vida nos exige decisão. Sempre temos de optar entre uma ou outra atitude. Desde que abrimos os olhos, pela manhã, estamos optando entre uma atitude ou outra. Ao acordarmos podemos escolher entre reclamar por não ser domingo, e você poder descansar ou pode agradecer a Deus por mais um dia cheio de novidades e ensinamentos. Ao encontrarmos qualquer pessoa, podemos dar um grande e feliz BOM DIA, ou reclamar por mais um dia. Quando chegamos no local de trabalho ou na escola, podemos optar entre ficar de bem com todos ou espalhar o mau humor. A decisão sempre é nossa.

O que vale ressaltar é que todas as ações terão uma reação correspondente, como consequência. E essa reação é de nossa total responsabilidade. Seu futuro depende única e exclusivamente de você, das suas escolhas. É assim que vamos construindo nossa felicidade ou a nosso calvário, de acordo com a nossa livre escolha, com o nosso livre-arbítrio.

O livre-arbítrio se desenvolve à medida que o Espírito adquire a consciência de si mesmo, que amadurece e evolui, que aprende a diferença entre o certo e o errado. A sabedoria de Deus está na liberdade que ele nos dá para escolher, porque cada um é responsável por suas escolhas. De acordo com nossas escolhas progredimos mais ou menos. Não adianta muito evoluir no saber, ser muito inteligente, intelectualizado, ter muito estudo, se não se pratica o bem e o amor em todas as suas expressões. Da mesma forma, só amar não basta. O ser humano tem de procurar crescer também no seu lado intelectual, estudar e aplicar tudo para o bem de todos e de sua própria evolução.

Vejam bem, nosso livre-arbítrio significa cada um ser responsável por seus atos, então a opção pelo bem é sempre a nossa melhor opção.

A Falsa Mendiga

(Neio Lúcio - por Chico Xavier)

"Zezélia pedia esmolas, havia muitos anos. Não era tão doente que não pudesse trabalhar, produzindo algo de útil, mas não se animava a enfrentar qualquer disciplina de serviço.

- Esmola, pelo amor de Deus! - clamava o dia inteiro, dirigindo-se aos transeuntes, sentada à porta de imundo telheiro. De quando em quando, pessoas amigas, depois de lhe darem um niquel, aconselhavam:

- Zezélia, você não poderia plantar algum milho?

- Não posso... - respondia logo.

- Zezélia, quem sabe poderia você beneficiar alguns quilos de café?

- Quem sou eu, meu filho? Não tenho forças...

- Não desejaria lavar roupa e ganhar algum dinheiro? - indagavam damas bondosas.

- Nem pensar nisto. Não aguento...

- Zezélia, vamos vender flores! - convidavam algumas jovens que se compadeciam dela.

- Não posso andar, minhas filhas!... - exclamava, suspirando.

- E o bordado, Zezélia? - interrogava a vizinha, prestativa. - Você tem as mãos livres. A agulha é uma boa companheira. Quem sabe poderá ajudar-nos? Receberá compensadora remuneração.

- Não tenho os dedos seguros - informava, teimosa - e falta-me suficiente energia... Não posso, minha senhora...

E, assim, Zezélia vivia prostrada, sem ânimo, sem alegria. Afirmava sentir dores por toda parte do corpo. Dava notícias da tosse, da tonteira e do resfriado com longas palavras que raras pessoas dispunham de tempo para ouvir. Além das lamentações contínuas, clamava que não bebia café por falta de açúcar, que não almoçara por não dispor de alimentação. Tanto pediu, chorou e se queixou Zezélia que, em certa manhã, foi encontrada morta e a caridade pública enterrou-lhe o corpo com muita piedade. Todos os vizinhos e conhecidos julgaram que a alma de Zezélia fora diretamente para o

Céu; entretanto, não foi assim. Ela acordou em meio dum campo muito escuro e muito frio. Achava-se sem ninguém e gritou, aflita, pelo socorro de Deus.

Depois de muito tempo, um anjo apareceu e disse-lhe, bondoso:

- Zezélia, que deseja você?

- Ah! - observou, muito vaidosa. - Já sou conhecida na Casa Celestial?

- Há muito tempo - informou o emissário, compadecido.

A velha começou a chorar e rogou em pranto:

- Tenho sofrido muito!... quero o amparo do Alto!...

- Mas, ouça! - esclareceu o mensageiro - O auxílio divino é para quem trabalha. Quem não planta, nada tem a colher. Você não cavou a terra, não cuidou de plantas, não ajudou os animais, não fiou o algodão, não teceu fios, não costurou o pano, não amparou crianças, não fez pão, não lavou roupa, não varreu a casa, não cuidou de flores, não tratou nem mesmo de sua saúde e de seu corpo... Como pretende receber as bênçãos de Cima?

A infeliz observou, então:

- Nada podia fazer... eu era mendiga...

O anjo, contudo, replicou:

- Não, Zezélia! Você não era mendiga. Você foi simplesmente preguiçosa. Quando aprender a trabalhar, chame por nós e receberá o socorro celeste - cerrou-se-lhe aos olhos o horizonte de luz e, às escuras, Zezélia voltou para a Terra, a fim de renovar-se.

EXERCÍCIOS

1 - Após a leitura do texto, separe a classe em dois grupos e peça que escrevam as atitudes de Zezélia e seus amigos quando optaram pelo BEM ou pelo MAL. Coloque os grupos frente a frente e para cada "escolha" apresentada, o outro grupo deve falar sobre as consequências desta opção (se quiser aborde também o tema ação e reação).

2 - Cada jovem deve anotar em um papel uma mudança que precisa fazer em seu modo de agir, e iniciar a mudança imediatamente, bem como as consequências possíveis de sua mudança.

3 - Perguntar objetivamente o que é o livre-arbítrio, quais as suas consequências e como devemos usá-lo.

Mediunidade

MEDIUNIDADE - Qualidade de médium.

MÉDIUM - (do latim - meio, intermediário): Pessoa que pode servir de intermediário entre os vivos e a alma dos mortos.

O CÉREBRO SEGUNDO O ESPIRITISMO

Como a energia mediúnica transita na mente

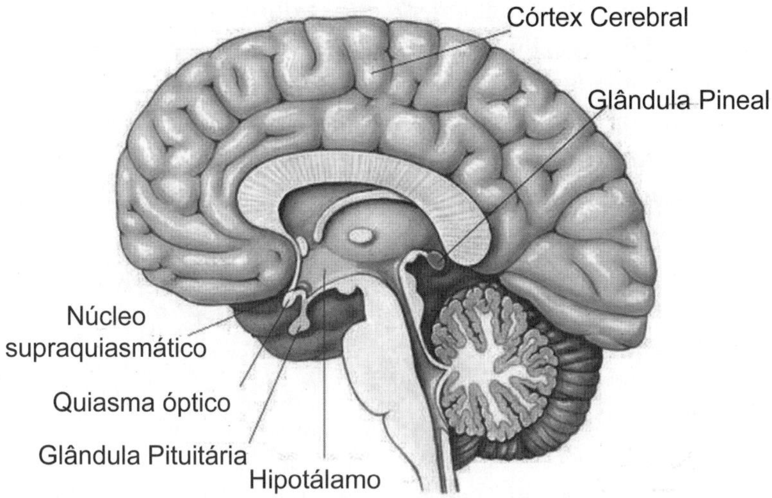

- Como uma antena de rádio, a glândula pineal capta a energia eletromagnética do espírito comunicante.
- A pineal converte essa energia em neuroquímica e envia comandos para regiões do córtex cerebral que determinam a escrita, a fala, a visão ou a audição.
- A energia é decodificada em linguagem, permitindo a comunicação do espírito com o pensamento do médium.

- Conforme a área ativada do córtex, a mediunidade pode ser de vidência, fala, audição ou psicografia.
- As reuniões mediúnicas são ambientes onde se lida com energias que estimulam o córtex cerebral nos transes.

Para melhor compreensão a respeito do tema mediunidade e como funciona, transcreverei parte da entrevista exibida na revista *Espiritismo & Ciência* - Ano 1 - nº 3 - págs. 22-27, Mythos Editora. "*Há mais de dois mil anos, a glândula pineal, ou epífise, é tida como a sede da alma. Para os praticantes do ioga, a pineal é o ajna chakra, ou o "terceiro olho", que leva ao autoconhecimento. O filósofo e matemático francês Renê Descartes, em* Carta a Mersenne, *de 1640, afirma que 'existiria no cérebro uma glândula que seria o local onde a alma se fixaria mais intensamente'.*

Atualmente, as pesquisas científicas parecem ter se voltado definitivamente para o estudo mais atento desta glândula. Estaria a humanidade próxima da comprovação científica da integração entre o corpo e a alma? Haveria um órgão responsável pela interação entre o homem e o mundo espiritual? Para responder a estas e outras perguntas, a revista Espiritismo & Ciência *conversou com o psiquiatra e mestre em Ciências pela Universidade de São Paulo,* ***dr. Sérgio Felipe de Oliveira****. Diretor-clínico do Instituto Pineal Mind, e diretor presidente da AMESP (Associação Médico-Espírita de São Paulo), Sérgio Felipe de Oliveira é um dos maiores pesquisadores na área de Psicobiofísica da USP, e vem ganhando destaque nos meios de comunicação com suas pesquisas acerca do papel da glândula pineal em fenômenos ligados à mediunidade.*

O que é a glândula píneal, onde está localizada e qual a sua função no organismo?

A pineal está localizada no meio do cérebro, na altura dos olhos. Ela é um órgão cronobiológico, um relógio interno. Como ela faz isso? Captando as radiações do Sol e da Lua. A pineal obedece aos chamados Zeitbergers, os elementos externos que regem as noções de tempo. Por exemplo, o Sol é um Zeitberger que influencia a pineal, regendo o ciclo de sono e de vigília, quando esta glândula secreta o hormônio melatonina. Isso dá ao organismo a referência de horário. Existe também o Zeitberger interno, que são os genes, trazendo o perfil de ritmo regular de cada pessoa. Agora, o tempo é uma região do espaço. A dimensão espaço-tempo é a quarta dimensão. Então, a glândula que te dá a noção de tempo está em contato com a quarta dimensão. Faz sentido perguntarmos: "Será que a partir da quarta dimensão já existe vida espiritual?" Nós vivemos em três dimensões e nos relacionamos com a quarta, através do tempo. A pineal é a única estrutura do corpo que transpõe essa dimensão, que é capaz de captar informações que estão além dessa dimensão nossa. A afirmação de Descartes, do ponto em que a alma se liga ao corpo, tem uma lógica até na questão física, que é esta glândula que lida com a outra dimensão, e isso é um fato.

Esta glândula seria resquício de algum órgão que está se atrofiando, ou estaria ligada a uma capacidade psíquica a ser desenvolvida?

Eu acredito que a pineal evoluiu de um órgão fotorreceptor para um órgão neuroendócrino. A pineal não explica integralmente o fenômeno mediúnico, como simplesmente os olhos não explicam a visão. Você pode ter os olhos perfeitos, mas não ter a área cerebral que interprete aquela imagem. É como um computador: você pode ter todos os programas em ordem, mas se a tela não funciona, você não vê nada. A pineal, no que diz respeito à mediunidade, capta o campo eletromagnético, impregnado de informações, como se fosse um telefone celular. Mas tudo isso tem que ser interpretado em áreas cerebrais, como por exemplo, o córtex frontal. Um papagaio tem a pineal, mas não vai receber um espírito, porque ele não tem uma área no cérebro que lhe permita fazer um julgamento. A mediunidade está ligada a uma questão de senso-percepção.

Então, a ela não basta a existência da glândula pineal, mas sim, todo o cone que vai até o córtex frontal, que é onde você faz a crítica daquilo que absorve. A mediunidade é uma função de senso (captar)-percepção (faz a crítica do que está acontecendo). Então, a mediunidade é uma função humana.

A pineal converte ondas eletromagnéticas em estímulos neuroquímicos? Isso é comprovado cientificamente?

Sim, isso é comprovado. Quem provou isso foram os cientistas Vollrath e Semm, que têm artigos publicados na revista científica Nature, *de 1988.*

A mediunidade seria atributo biológico e não um conceito religioso?

A mediunidade é um atributo biológico, acredito, que acontece pelo funcionamento da pineal, que capta o campo eletromagnético, através do qual a espiritualidade interfere. Não só no Espiritismo, mas em qualquer expressão de religiosidade, ativa-se a mediunidade, que é uma ligação com o mundo espiritual.

É verdade que a pineal se calcifica com a meia-idade? E essa calcificação prejudica a mediunidade?

Não, a pineal não se calcifica; ela forma cristais de apatita, e isso independe da idade. Estes cristais têm a ver com o perfil da função da glândula. Uma criança pode ter estes cristais na pineal em grande quantidade enquanto um adulto pode não ter nada. Percebemos, pelas pesquisas, que quando um adulto tem muito destes cristais na pineal, ele tem mais facilidade de sequestrar o campo eletromagnético. Quando a pessoa tem muito desses cristais e sequestra esse campo magnético, esse campo chega num cristal e ele é repelido e rebatido pelos outros cristais, e este indivíduo então apresenta mais facilidade no fenômeno da incorporação. Ele incorpora o campo com as informações do universo mental de outrem. É possível visualizar estes cristais na tomografia. Observamos que quando o paciente tem muita facilidade de desdobramento, ele não apresenta estes cristais."

Agora sim estamos aptos a iniciar o tema "mediunidade".

A mediunidade é algo natural ao ser humano, por isso existe a afirmativa "somos todos médiuns". A mediunidade é o elo entre os encarnados e os desencarnados e deve ser sempre utilizada para o bem.

Algumas pessoas, quando percebem o dom da mediunidade, ficam chateadas, pois como ainda não sabem lidar com essa novidade e sentem muita irritação, medo, tristeza, solidão, etc. e não sabem por quê, então atribuem isto a mediunidade. Essas pessoas precisam procurar por Centros Espíritas que possam lhes dar a assistência necessária, para que possa lhes informar o que está acontecendo, pois a mediunidade não é castigo e sim um dom, uma oportunidade de elevação.

Existem vários tipos de manifestações mediúnicas, porém na Umbanda as mais utilizadas são:

Intuição: É aquela voz que ouvimos, só na nossa cabeça, de vez em quando, que nos diz o que devemos fazer, ou aquela vontade inexplicável de fazer ou falar alguma coisa e não sabemos explicar por quê.

Psicografia: É quando uma entidade ou espírito desencarnado consegue usar a mão do médium para escrever através da incorporação ou da transmissão da mensagem através da mente do médium, e este a passa para o papel através da escrita.

Visão: É quando conseguimos ver as entidades ou pessoas desencarnadas.

Audição: É quando conseguimos ouvir as entidades ou pessoas desencarnadas, sem estarem incorporadas.

Cura: É quando os Mentores e entidades conseguem utilizar nosso corpo, mais precisamente nossas mãos para curar pessoas.

Psicofonia: É quando um espírito desencarnado utiliza a nossa boca, com o nosso consentimento, para falar com as outras pessoas. Este é o tipo de mediunidade mais utilizada na Umbanda. Quando incorporamos as entidades, nos trabalhos, é através da psicofonia que elas se comunicam com as pessoas.

Incorporação: É quando um espírito desencarnado ou uma entidade se "apossa" do corpo e dos movimentos do médium. Quando eles se manifestam por completo, na Umbanda, por exemplo, através da incorporação podemos ver as diferentes formas que as entidades se apresentam, ou seja, o médium "perde" o controle de seus movimentos deixando com que as entidades se manifestem livremente.

Considerações sobre MEDIUNIDADE

Aos indivíduos em que as manifestações dos espíritos são visíveis, Allan Kardec chamou-os de "médiuns".

Médiuns de incorporação ou não, precisam estar física e emocionalmente bem, uma vez que participarão, ajudando no que for preciso para que os trabalhos se realizem com a firmeza necessária, pois quando estamos trabalhando com entidades e atendendo pessoas, essas entidades costumam aconselhar as pessoas, sempre para o bem, e quando não estamos equilibrados, podemos cometer erros altamente prejudiciais.

Desta forma e em consonância com a responsabilidade advinda dessa questão é fundamental que os aspirantes a médiuns e mesmo médiuns se preparem educando-se e instruindo-se o máximo possível, e estejam sempre bem emocional e fisicamente para fluir uma boa ligação entre o espírito e o médium.

Quando um espírito se comunica, ele combina seus fluidos com os do médium, o que torna favorável a transmissão do pensamento do espírito para o médium.

Existem tipos de mediunidade: a inconsciente, a subconsciente e a consciente.

A inconsciente ocorre quando o espírito "toma" o médium por completo, conseguindo com que o médium não interfira em nada e sequer tenha conhecimento do que está ocorrendo no momento dos trabalhos, e quando desincorporar não se lembre de nada. Esse tipo de incorporação é muito difícil, pois o médium tem de ser muito bem preparado para conseguir entregar-se completamente. Normalmente isso acontece com as entidades que temos maior afinidade e depois de muito tempo de trabalho e estudo.

A mediunidade consciente é a mais comum, principalmente para os principiantes. A entidade manifesta-se através do médium, muitas vezes trabalha e dá atendimento e a pessoa se lembra de quase tudo. De acordo com a evolução, conhecimento e preparo de cada médium as lembranças são maiores ou menores. É comum, no início, as pessoas se lembrarem de tudo, ver tudo o que acontece nos trabalhos, muitas vezes o médium até acha que é ele mesmo quem está falando e não a entidade, tamanha é a consciência dele no momento dos trabalhos, mas na verdade trata-se de manifestação legítima. Muitas vezes, no início do desenvolvimento mediúnico, as entidades às vezes ficam ao lado do médium só vibrando, é como numa amizade, quando a gente conhece uma pessoa a gente não sai falando nossa vida inteira para a pessoa, porém com o tempo, a amizade vai crescendo e vamos ficando mais íntimos. Com a espiritualidade é a mesma coisa, no início os espíritos vêm, aproximam-se de nós, é quando o médium começa a sentir tontura, tremedeira, um mal-estar tranquilo. Com o tempo e as constantes aproximações da entidade, o médium já começa a se adaptar com a energia emanada pela entidade e passa a reconhecê-la, por isso que os médiuns que já trabalham há muito tempo normalmente sabem qual a entidade que está ao seu lado, pois eles já conhecem sua energia. Por este motivo, quanto mais o médium se dedica ao exercício da meduinidade com seriedadade e se entrega com amor, mais ele e a entidade vão se tornando afinados.

Os elementos fundamentais para a combinação de fluidos depende da afinidade de energia do médium e do espírito e da sintonia vibratória do pensamento, isto é, temos de ter sempre bons pensamentos, estar sempre com nosso coração elevado a Deus. É por isso que quando iniciamos temos muita dificuldade para incorporar, às vezes o médium se debate muito no início, mas depois, com o passar do tempo, a incorporação passa a ser de forma branda, em muitos casos quase nem se percebe, o médium já não fica "chacoalhando" tanto, pois reconhece a energia que chega e que tem afinidade com ela. Não que seja errado o médium que se debate muito para incorporar, pois tem muitos casos, principalmente de médiuns antigos, que a incorporação é feita desta forma, pois é assim que ele se adaptou ao espírito quando de sua chegada.

O desenvolvimento mediúnico em crianças é muito perigoso e desaconselhável. Isso porque a criança não possui estrutura psíquica apropriada a este tipo de atividade. O organismo da criança é delicado e ainda lhe falta conhecimento suficiente para entender o que está acontecendo e como essa acontecendo, podendo levá-la a dúvidas irreversíveis. Por isso a evangelização infantil é tão importante, pois por meio do conhecimento as crianças podem compreender o fenômeno da mediunidade e estarem aptas para se tornarem, quando estiverem prontas, excelentes médiuns de trabalho. Porém não podemos dizer que exista uma idade específica para o início do desenvolvimento mediúnico, pois existem jovens bastante maduros, e cada caso é um caso.

A mediunidade é coisa sublime. Para desenvolvê-la, ou educá-la com proveito, deve-se adquirir conhecimentos teóricos e melhorar-se, ou seja, é necessário que trabalhemos a nossa paciência, a perseverança, a boa vontade, a humildade, a sinceridade e principalmente a caridade, que é a máxima umbandista.

Devemos sempre nos lembrar de que atraímos espíritos que se afinizam conosco, tanto quanto somos por eles atraídos. O espírito do médium é o interprete, porque está ligado ao corpo que serve de instrumento. Há médium que não mistura suas ideias com as do espírito comunicante, mas participa do fenômeno, neste caso dizemos que é um bom interprete porque é fiel a comunicação.

As comunicações sempre apresentam características do médium, pois quando o espírito incorpora no médium ele se utiliza do cérebro do médium para transmitir sua mensagem, por isso vemos entidades que falam de forma parecida com o médium. Da mesma forma que se utilizam da ferramenta das mais importantes, que é o conhecimento e o tanto de informação que ele possui para tanto.

Nos terreiros de Umbanda as pessoas aprendem, com os Pretos-Velhos, Caboclos, Exus, enfim, com todas as entidades que se apresentam, sobre a reencarnação e da lei do carma (causa e efeito/ ação e reação), aprendendo assim a confiar na proteção e nos conselhos oferecidos por eles. As entidades nos ensinam sobre o mundo invisível, e nos auxiliam em nossos problemas na Terra, ensinando-nos que quando falamos de Umbanda o que mais vale é o amor e a caridade.

Hoje em dia já é muito difícil vermos pessoas que acreditam que os umbandistas não precisam estudar, porém ainda tem aquelas pessoas que acreditam que a entidade já sabe tudo. É claro que a entidade sabe tudo, pois ela é um ser de luz e muito mais elevado do que nossa condição terrena, porém se o médium tiver o conhecimento necessário sobre a doutrina umbandista e a mediunidade, ele pode colaborar com a entidade, tornando seu trabalho muito mais fácil e mais completo.

EXERCÍCIOS

1 – Fazer uma comparação entre os sentidos e os tipos de mediunidade.

Tato: Vendar os olhos e tentar adivinhar algum objeto através do tato.

Olfato: Vendar os olhos e sentir o cheiro de algumas coisas para tentar adivinhar o que é.

Audição: Tentar adivinhar os sons.

Paladar: Vendar os olhos e provar o gosto de suco com e sem açúcar e tentar descobrir qual é qual.

Visão: Brincadeira da cor. Escrever em um cartaz o nome de uma cor, porém as letras em outra cor e pedir que eles digam o que está escrito e não a cor que as letras estão pintadas.

Procura-se um Amigo

1. Não precisa ser homem, basta ser humano, basta ter sentimento, basta ter coração.
2. Precisa saber falar e saber calar, sobretudo, saber ouvir.
3. Tem que gostar de poesia, da madrugada, de pássaros, do sol, da lua, do canto, dos ventos e do murmúrio das brisas.
4. Deve ter amor, um grande amor por alguém, ou então sentir falta de não ter esse amor.
5. Deve amar ao próximo e respeitar a dor que todos os passantes levam.
6. Deve guardar segredo sem se sacrificar.
7. Não é preciso que seja de primeira mão, nem mesmo é imprescindível que seja de segunda mão; pode já ter sido enganado (todos os amigos são enganados).
8. Não é preciso que seja puro, nem que seja de todo impuro, mas não deve ser vulgar.
9. Deve ter um grande ideal e medo de perdê-lo; no caso de assim não ser, deve sentir o grande vácuo que isso deixa.
10. Tem que ter ressonâncias humanas; seu principal objetivo deve ser de ser amigo; deve sentir pena das pessoas tristes e compreender o imenso vazio dos solitários.
11. Deve ser Dom Quixote sem, contudo, desprezar Sancho Pança.
12. Deve gostar de crianças, lastimar as que não puderam nascer e as que não puderam viver.
13. Procura-se um amigo para gostar dos mesmos gostos; que se comova quando chamado de amigo; que saiba conversar de coisas simples, de orvalho, de grandes chuvas e de recordações da infância.
14. Precisa-se de um amigo para não enlouquecer, para se contar o que se viu de belo ou de triste durante o dia, dos anseios e das realizações, dos sonhos e da realidade.
15. Deve gostar de ruas desertas, de poças de chuva, de caminhos molhados, de beira de estrada, do mato depois da chuva e de se deitar no capim.
16. Precisa-se de um amigo para se parar de chorar, para não se viver debruçado no passado em busca de memórias queridas.
17. Precisa-se de um amigo que nos bata no ombro, sorrindo e chorando, mas que nos chame de amigo.

18. Precisa-se de um amigo que creia em nós.
19. Precisa-se de um amigo para se ter consciência de que ainda se vive.

Caso sejam jovens com mais de 12 anos, achei muito interessante este exercício elaborado por Rita Foelker.

1. Ler o texto, *Procura-se um Amigo*, para o Grupo. Após a leitura, recortar o texto por frase e numerá-lo no verso, colocar tudo numa sacola e misturar bem.
2. Passar pelos jovens e pedir que cada um tirasse a sua frase, sem olhar. Entregar junto com a frase uma tira de papel sulfite de aproximadamente 5 centímetros e uma caneta. Pedir para que cada um escreva, com suas próprias palavras, aquilo que estava na sua frase sorteada. Deixe-os bem livres para isto. Caso tenha mais de 19 jovens presentes, coloque algumas frases repetidas, para completar o número de jovens.
3. Depois, seguindo a ordem dos números, montem um novo texto com as partes escritas pelos participantes. Usem para isto o quadro negro, montem num painel de cartolina, ou em qualquer lugar que fique visível a todos. Quando essa etapa terminar, façam uma leitura, sendo que cada um levante e leia para o grupo o seu pedaço.
4. Conversar sobre as semelhanças e as diferenças, sobre o significado da palavra *médium*, das palavras *intermediário* e *intérprete.*
5. Para refletir:

Deus Está Falando Com Você!

Prece indígena – Tradução a adaptação do livro By San Etioy

Um homem sussurrou: Deus, fale comigo.
E um rouxinol começou a cantar
Mas o homem não ouviu.
Então o homem repetiu:
Deus, fale comigo!
E um trovão ecoou nos céus
Mas o homem foi incapaz de ouvir.

O homem olhou em volta e disse:
Deus, deixe-me vê-lo
E uma estrela brilhou no céu
Mas o homem não a notou.

O homem começou a gritar:
Deus, mostre-me um milagre
E uma criança nasceu
Mas o homem não sentiu o pulsar da vida.

Então o homem começou a chorar e a se desesperar:
Deus, toque-me e deixe-me sentir que você está aqui comigo...
E uma borboleta pousou suavemente em seu ombro
O homem espantou a borboleta com a mão e
Continuou o seu caminho triste, sozinho e com medo.

EXERCÍCIO

1 – Façam uma redação dizendo o que vocês entenderam sobre este texto.

Quem foi e o que fez Zélio de Moraes?

Zélio Fernandino de Moraes pertencia a uma família tradicional de Neves, Estado do Rio. Muito jovem, sem nenhum motivo aparente, ficou paralítico e nenhum médico conseguia curá-lo ou encontrar a causa da estranha paralisia. Certo dia, no final de 1908, o jovem Zélio ergueu-se da cama e disse: "Amanhã estarei curado". No dia seguinte, realmente Zélio se levantou da cama e começou a andar, como se nada tivesse acontecido. Tinha apenas 17 anos e a medicina não soube explicar o que tinha acontecido. Os tios, que eram padres católicos, também não conseguiram explicar o misterioso caso. Um amigo da família sugeriu que fossem à Federação Espírita de Niterói, na época presidida por José de Souza, tratava-se de um trabalho kardecista. No dia 15 de novembro de 1908, Zélio foi convidado a participar

de uma sessão sendo que o dirigente dos trabalhos solicitou que ele ocupasse um lugar à mesa.

Tomado por uma força estranha e superior a sua vontade, contrariando as normas que impediam o afastamento de qualquer dos componentes da mesa, Zélio levantou-se e disse: "Aqui está faltando uma flor!", e retirou-se da sala. Pouco depois, voltou trazendo uma rosa e a colocou no centro da mesa. Essa atitude causou quase um tumulto. Restabelecida a "corrente", manifestaram-se espíritos, que se diziam de pretos escravos e de índios ou Caboclos, em diversos médiuns. Esses espíritos foram convidados a se retirar pelo presidente dos trabalhos, advertidos do seu atraso espiritual. Naquele momento, o jovem Zélio foi novamente dominado por uma força estranha, que fez com que ele falasse sem saber o que dizia. Zélio ouvia apenas a sua própria voz perguntar o motivo que levava os dirigentes dos trabalhos a não aceitarem a comunicação desses espíritos e por que eram considerados atrasados, se apenas pela diferença de cor ou de classe social que revelaram ter tido na sua última encarnação. Seguiu-se um diálogo acalorado, e os responsáveis pela mesa procuraram doutrinar e afastar o espírito desconhecido, que estaria incorporado em Zélio. Um dos médiuns videntes perguntou afinal: "Por que o irmão fala nesses termos, pretendendo que esta mesa aceite a manifestação de espíritos que pelo grau de cultura que tiveram, quando encarnados, são claramente atrasados? E qual é o seu nome, irmão? Zélio respondeu ainda tomado pela força misteriosa: "Se julgam atrasados esses espíritos dos pretos e dos índios, devo dizer que amanhã estarei na casa deste aparelho (o médium Zélio) para dar início a um culto em que esses pretos e esses índios poderão dar a sua mensagem e, assim, cumprir a missão que o plano espiritual lhes confiou. Será uma religião que falará aos humildes, simbolizando a igualdade que deve existir entre todos os irmãos, encarnados e desencarnados. E, se querem saber o meu nome, que seja este: 'Caboclo das Sete Encruzilhadas', porque não haverá caminhos fechados para mim.

"Julga o irmão que alguém irá assistir ao seu culto?", perguntou, com ironia, o médium vidente; ao que o Caboclo das Sete Encruzilhadas respondeu: "Cada colina de Niterói atuará como porta-voz, anunciando o culto que amanhã iniciarei!".

Zélio contou o que ocorreu no dia seguinte, 16 de novembro: "Minha família estava apavorada. Eu mesmo não sabia explicar o que se passava comigo. Surpreendia-me haver dialogado com aqueles senhores de cabelos brancos, em volta de uma mesa onde se praticava para mim um trabalho desconhecido. Como poderia, aos 17 anos, organizar um culto? No entanto eu mesmo falara, sem saber o que dizia e por que dizia. Era uma sensação estranha: uma força superior que me impelia a fazer e a dizer o que nem sequer passava pelo meu pensamento.

E no dia seguinte, na casa de minha família, na Rua Floriano Peixoto, 30, em Neves, ao se aproximar a hora marcada, 20 horas, já se reuniam os membros da Federação Espírita, seguramente para comprovar a veracidade dos fatos que foram declarados na véspera, os parentes mais chegados, amigos, vizinhos e, do lado de fora, grande número de desconhecidos".

Às 20 horas, manifestou-se o Caboclo das Sete Encruzilhadas. Declarou que se iniciava, naquele momento, um novo culto em que os espíritos de velhos africanos, que haviam servido como escravos e que, desencarnados, não encontravam campo de ação nos remanescentes das seitas negras, já deturpadas e dirigidas quase exclusivamente para trabalhos de feitiçaria, e os índios nativos de nossa terra poderiam trabalhar em benefício dos seus irmãos encarnados, qualquer que fosse o credo e a condição social. A prática da caridade, no sentido do amor fraterno, seria a característica principal desse culto, que teria por base o Evangelho de Cristo e, como mestre supremo, Jesus.

O Caboclo estabeleceu as normas em que se processaria o culto: sessões, assim se chamariam os períodos de trabalho espiritual, diárias, das 20 às 22 horas, os participantes estariam uniformizados de branco e o atendimento seria gratuito. Deu, também, o nome desse movimento religioso que se iniciava; disse primeiro **Allabanda** (ou um dos presentes assim anotou), mas considerando que não soava bem a sua vibratória, substituiu-o por **Aumbanda**, palavra de origem sânscrita que se pode traduzir por "Deus ao nosso lado", ou "ao lado de Deus". Muito provavelmente, ficou o nome **Umbanda**, e não Aumbanda, porque alguém anotou a palavra separadamente (a Umbanda).

A casa de trabalhos espirituais, que no momento se fundava, recebeu o nome de Tenda Nossa Senhora da Piedade, porque assim como Maria acolhe o Filho nos braços, também seriam acolhidos, como filhos, todos os que necessitassem de ajuda ou de conforto.

Ditadas as bases do culto, após responder, em latim e em alemão às perguntas dos sacerdotes ali presentes, o Caboclo das Sete

Encruzilhadas passou à parte prática dos trabalhos, curando enfermos, fazendo andar aleijados. Antes do término da sessão, manifestou-se um Preto-Velho! Pai Antônio, que vinha completar as curas.

Nos dias seguintes, verdadeira romaria se formou na Rua Floriano Peixoto, nº 30, em Neves. Enfermos, cegos, paralíticos, vinham em busca de cura e ali muitos a encontravam, em nome de Jesus. Médiuns (cujas manifestações haviam sido consideradas loucuras) deixaram os sanatórios e mostraram suas qualidades excepcionais. Estava fundada a Umbanda no Brasil, 15 de novembro, posteriormente, dia nacional da Umbanda.

Dez anos após a fundação da Tenda Nossa Senhora da Piedade (registrada como tenda Espírita, porque não era aceito, na época, o registro de uma entidade com especificação de Umbanda), o Caboclo das Sete Encruzilhadas declarou que iniciava a segunda parte de sua missão: a criação de sete templos, que seriam o núcleo do qual se propagaria a religião da Umbanda. Dezenas de templos e tendas seriam criados posteriormente, sob a orientação direta ou indireta do Caboclo das Sete Encruzilhadas. Em 1939, o Caboclo das Sete Encruzilhadas determinou que se fundasse uma federação (que posteriormente passou à denominação de União Espírita de Umbanda do Brasil, segundo relata *Seleções de Umbanda* nº 7 - 1975), para congregar templos umbandistas e que deveria ser o núcleo central desse culto, em que o simples uniforme branco de algodão, dos médiuns, estabelecia a igualdade de classes e a simplicidade que o ritual permitia.

Para finalizar o Caboclo completou: "Deus, em sua infinita bondade, estabeleceu na morte o grande nivelador universal, rico ou pobre, poderoso ou humilde, todos se tornariam iguais na morte, mas vocês, homens preconceituosos, não contentes em estabelecer diferenças entre os vivos, procuram levar essas mesmas diferenças até mesmo além da barreira da morte. Por que não podem nos visitar esses humildes trabalhadores do espaço, se apesar de não haverem sido pessoas socialmente importantes na Terra, também trazem importantes mensagens do além?".

Segundo relatos de pesquisas, afirmava-se que a própria entidade, Caboclo das Sete Encruzilhadas, dizia ter sido, em vida anterior, um padre jesuíta de nome Gabriel Malagrida, grande taumaturgo e humanista, queimado vivo em Portugal, acusado de prática de bruxaria pela Inquisição. Afirmava também ter posteriormente reencarnado em solo brasileiro como um indígena.

Taumaturgo = substantivo masculino – Quem faz ou supostamente é capaz de fazer milagres; milagreiro.[Por Extensão] Indivíduo a quem se atribui o poder da adivinhação.

Exercícios:

1 – Quem instituiu a Umbanda no Brasil?

2 – O que levou Zélio a procurar um Centro Espírita?

3 – O que aconteceu quando o jovem Zélio foi convidado a compor a mesa de estudos kardecistas?

4 – Qual foi a primeira entidade umbandista a se manifestar?

5 – O que ela queria?

6 – Por que os estudiosos kardecistas não deixaram que as entidades da Umbanda se manifestassem em suas mesas de estudos?

7 – O que você pensa a respeito da opinião deles?

8 – Você acredita que esta também seja a opinião do grande mestre Allan Kardec e de qualquer outro mentor espiritual atuante nas sessões kardecistas? Por quê?

9 – Quais foram as normas que o Sr. Caboclo das Sete Encruzilhadas impôs para que os trabalhos umbandistas fossem iniciados?

10 – Qual o nome do primeiro Templo de Umbanda fundado no Brasil, qual a data e local de sua fundação?

11 – Quais entidades de Umbanda também trabalham no kardecismo? Por quê?

12 – Complete a frase:
Em 15 de novembro de 1908 o jovem Zélio Fernandino de Moraes foi convidado a participar de uma sessão de estudos kardecistas onde se manifestou pela primeira vez o ______________________

13 – CRUZADINHA

1 – Nome da primeira tenda umbandista fundada por Zélio de Moraes

2 – Dia nacional da Umbanda

3 – Linha que trabalha na Umbanda

4 – Qual o nome do Caboclo que anunciou a criação da Umbanda

5 – Em que estado brasileiro foi fundada a Umbanda

6 – Quantos anos tinha Zélio de Moraes quando fundou o primeiro Centro Umbandista

7 – Forma natural das entidades que trabalham na Umbanda
8 – Máxima da Umbanda
9 – Nome do fundador da Umbanda
10 – Onde estava Zélio de Moraes quando da primeira manifestação do Caboclo das Sete Encruzilhadas
11 – Doença que acometeu Zélio de Moraes, que com sua cura milagrosa acabou levando-o para uma mesa kardecista.
12 – Máxima da Umbanda
13 – Máxima da Umbanda
14 – Atividade exercida pelo Caboclo das Sete Encruzilhadas na encarnação anterior a de caboclo brasileiro
15 – Nome dado à nova religião fundada por Zélio de Moraes

Zélio de Moraes
Doris Pires

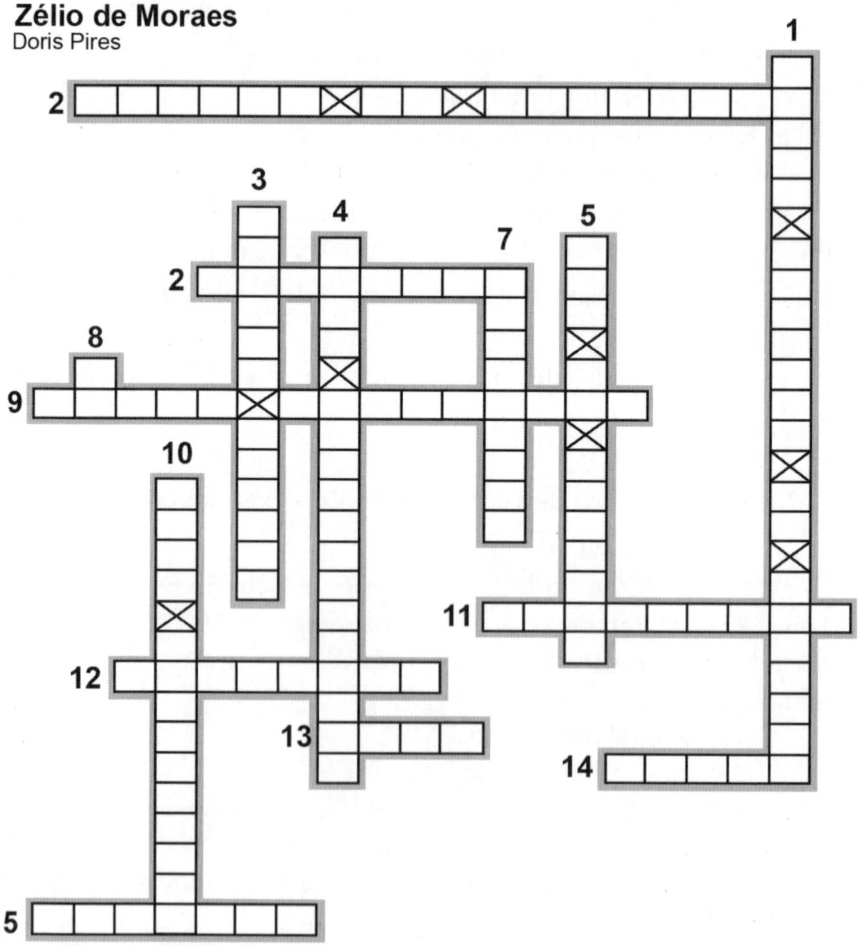

Umbanda, quem és?

Elcyr Barbosa

Sou a fuga para alguns, a coragem para outros. Sou o **tambor** que ecoa nos **terreiros**, trazendo o som das selvas e das senzalas. Sou o cântico que chama ao convívio seres de outros planos. Sou a senzala do Preto-Velho, a ocara do Bugre, a cerimônia do Pajé, a **encruzilhada** do Exu, o jardim da Ibejada, o nirvana do Indu e o céu dos Orixás. Sou o café amargo e o **cachimbo** do Preto-Velho, o charuto do Caboclo e do Exu; o cigarro da Pombagira e o doce do Ibeje. Sou **gargalhada** da Padilha, o requebro da Cigana, a seriedade do Tranca-Rua.

Sou o sorriso e a meiguice de Maria Congá, Cambinda e Maria do Congo, a traquinada da Mariazinha da Praia, do Zequinha e da Aninha e a sabedoria de Urubatão e do Sete Flechas.

Sou o **fluído** que se desprende das mãos do médium levando a saúde e a paz.

Sou o isolamento dos orientais onde o mantra se mistura ao perfume suave do **incenso**. Sou o **Templo** dos sinceros e o teatro dos atores. Sou livre. Não tenho Papas. Sou determinada e forte. Minhas forças? Elas estão no homem que sofre e que clama por **piedade**, por **amor**, por **caridade**. Minhas **forças** estão nas **entidades** espirituais que me utilizam para seu crescimento. Estão nos elementos. Na água, na terra, no fogo e no ar; na **pemba**, na tuia, na mandala do **ponto riscado**. Estão finalmente na tua **crença**, na tua **Fé**, que é o elemento mais importante na minha alquimia. Minhas forças estão em ti, no teu interior, lá no fundo na última partícula da tua mente, onde te ligas ao Criador.

Quem sou? Sou a **humildade**, mas cresço quando combatida. Sou a **prece**, a **magia**, o ensinamento milenar, sou cultura. Sou o **mistério**, o **segredo**, sou o amor e a **esperança**. Sou a **cura**. Sou de ti. Sou de Deus. Sou Umbanda.

Só isso. Sou **Umbanda**.

Procure no quadro abaixo as palavras em negrito:

A	Q	W	G	U	I	A	R	R	S	Y	T	B	P	Z	A	T	A	M	B	O	R
G	N	J	M	K	F	G	U	P	I	E	D	A	D	E	D	U	R	C	L	A	Y
A	G	H	I	L	O	L	D	R	F	G	H	I	L	O	L	D	R	H	N	M	B
R	P	I	R	I	T	U	A	E	C	L	A	Y	C	B	G	W	L	R	D	R	D
G	U	H	V	K	O	R	O	C	E	Y	Z	C	E	M	F	U	R	E	A	N	M
A	G	U	N	M	K	T	U	E	N	C	R	U	Z	I	L	H	A	D	A	L	H
L	E	A	G	T	O	R	O	O	I	A	T	R	A	T	U	R	M	O	J	M	K
H	V	D	F	E	K	T	U	N	S	C	E	A	A	D	I	T	O	P	E	A	M
A	I	G	A	M	I	Y	H	J	U	H	U	X	T	C	D	X	R	U	O	A	T
D	O	J	V	P	O	N	T	O	R	I	S	C	A	D	O	C	O	T	A	A	D
A	P	E	I	L	P	E	E	O	R	M	E	B	D	P	E	G	O	S	M	K	U
T	U	O	F	O	U	O	R	K	T	B	I	P	E	M	B	A	K	E	A	M	M
I	T	A	U	K	T	A	R	I	Y	O	S	T	E	I	R	M	I	D	A	T	B
C	A	R	I	D	A	D	E	E	L	B	A	Z	E	S	P	E	R	A	N	Ç	A
P	G	T	B	A	M	T	I	T	B	E	N	A	E	T	G	H	A	D	L	P	N
U	Y	E	B	D	P	E	R	E	B	S	E	G	R	E	D	O	T	I	N	O	D
T	N	E	X	P	U	N	O	E	X	T	N	E	X	R	R	A	E	T	U	R	A
G	I	D	V	H	T	T	A	D	V	G	I	D	V	I	N	C	E	N	S	O	S
V	H	U	M	I	L	D	A	D	E	T	N	E	X	O	I	E	H	E	X	E	U
A	R	L	R	D	R	D	U	R	C	L	A	Y	C	B	G	W	L	R	D	R	D

A Umbanda

Como toda religião, a Umbanda foi previamente estabelecida no plano espiritual para ser implantada na Terra entre os homens, unindo um pouco de cada uma já existente. Teve como objetivo levar aos homens o conhecimento, o amor e a caridade, ampliando assim a fé e proporcionando uma evolução mais rápida no plano da espiritualidade.

Etimologicamente podemos afirmar que a Umbanda é uma religião espiritual, brasileira, do século XX, com ritual afro-ameríndio e oriental, constituída de uma escola de evolução espiritual através da reencarnação. A Umbanda se divide em sete linhas e sete cores de representação vibratórias.

Sendo assim, o marco inicial da Umbanda deu-se com a manifestação do Senhor Caboclo das Sete Encruzilhadas no médium Zélio Fernandino de Moraes em 1908. É uma religião nova, com um século de existência, tendo absorvido conceitos, posturas e preceitos cristãos, indígenas e africanos.

A Umbanda é a mistura da prática religiosa teórica com a magística. Neste culto é através da incorporação que as entidades de luz podem ajudar seus fiéis a resolver seus problemas, graves ou simples, porém todos tratados com o mesmo respeito e dedicação espiritual e sacerdotal.

Na Umbanda não se cobra a obrigatoriedade de uma mensalidade (dízimo) como em outras religiões, porém, é correto pedir aos médiuns e às pessoas que frequentam a Casa que contribuam para a manutenção da mesma, ou para a realização de eventos de cunho religioso ou assistencial aos mais necessitados. A Umbanda é a única religião que não impõe nada a ninguém, apenas esclarece, aceita todos não importando a classe social, escolaridade, raça, cor ou até mesmo crença, e não critica ninguém, concentrando-se apenas na prática da caridade.

Como pudemos ver anteriormente, a Umbanda é uma religião que nasceu dentro da mesa de estudos kardecistas. Ela nos foi trazida pelo Caboclo das Sete Encruzilhadas, que só se pronunciou quando o jovem Zélio foi convidado a fazer parte da mesa de estudos. Por isso, nós afirmamos que a Umbanda é uma religião espírita e não espiritualista como muitos desejam.

Quem disse que o Sr. Caboclo das Sete Encruzilhadas era um espírito atrasado? Foi algum dos Mentores ali presente? Não, foi o presidente da mesa, um ser humano, cheio de imperfeições e de pouca sabedoria, como todos nós encarnados.

O que seria dos estudos e revelações de Allan Kardec se ele tivesse parado suas pesquisas na primeira manifestação comprovada entre o mundo dos vivos e o mundo dos mortos?

O que teria acontecido se Allan Kardec tivesse tido medo do novo, do desconhecido e parado suas pesquisas sem sequer querer saber do que se tratava?

O que teria acontecido se ele tivesse parado no seu primeiro livro?

As coisas evoluem e fluem sempre para melhor, para aprimorar-se, para o nosso aprendizado e aperfeiçoamento, e as revelações só nos são feitas quando estamos preparados para recebê-las.

O Espiritismo não acabou com o desencarne de Allan Kardec, mas sim, estava se iniciando, propagando suas ideias e pesquisas e dali surgiram vários outros nomes que nos conduzem à beleza da sabedoria do Espiritismo.

Fica claro também que as diferenças, as superstições, as maldades vêm dos próprios seres humanos encarnados, que partem de sua cultura e conhecimento geral para compreender o Divino Incriado.

Todos aqueles que cultuam ou compreendem a Umbanda em união ao kardecismo têm sempre maior tranquilidade em seus trabalhos, pois estão conscientes de que estão sendo auxiliados e guardados tanto pelo lado doutrinário quanto pelo lado magístico e revelador de nossos segmentos.

Por isso cabe a cada Casa, em conjunto com seus filhos ou médiuns, aprofundar os seus conhecimentos, afastando as superstições e erros existentes no nosso meio.

Assim, não nos cabe criticar a ninguém.

Cabe-nos respeitar o grau de conhecimento e consciência de cada um, e também o dever da autocrítica e do aperfeiçoamento constantes, tentando, cada vez mais, fazer dessa religião, a Umbanda Divina: simples, pura, caridosa e profunda.

Exercício:

1 – Quais são os principais fundamentos da Umbanda?

2 – Complete a frase:

A Umbanda é a mistura da prática religiosa teórica com a...

3 – Quais são os princípios da caridade na Umbanda?

4 – Como e onde nasceu a Umbanda?

5 – O que disse o Caboclo das Sete Encruzilhadas?

6 – Caça-Palavras:

Vamos procurar as palavras em letras maiúsculas no bloco de letras perdidas na próxima página.

Ser UMBANDISTA

(autor desconhecido)

É saber AMAR, PERDOAR esquecendo a ofensa do irmão que o magoou;
É transformar a própria dor em sentimentos de ALEGRIA;
É procurar adquirir cultura, instruindo-se para poder INSTRUIR;
É possuir mente e CORAÇÃO brilhantes para ILUMINAREM CAMINHOS obscuros e pedregosos;
É estar indiferente a elogios e imune a críticas de pessoas incompreensivas;
É AGRADECER aos GUIAS que os escolheram para servir-lhe de intérprete;
É entoar hinos de louvor ao PAI que lá do alto também SOCORRE;
É constituir-se em tábua de SALVAÇÃO a irmãos naufragados no mar do desespero;
É carregar a bandeira de FÉ com ENTUSIASMO e DEDICAÇÃO;
É ser exemplo de MORAL e VIRTUDE para que os outros sigam;
É esquecer-se de si mesmo, AUXILIANDO aflitos e sofredores;
É sentir o problema do PRÓXIMO, como se fossem seus.

N	T	W	A	G	R	A	D	E	C	E	R	F	R	M	F	A	D
A	I	P	T	S	A	T	E	P	U	T	U	O	T	D	O	L	D
S	M	Q	U	O	D	M	I	O	M	I	X	O	R	P	H	E	E
S	U	F	A	H	O	U	R	D	B	O	A	M	I	A	I	Ã	D
B	T	I	T	N	A	G	N	A	A	I	T	E	O	G	X	S	I
D	A	L	V	I	L	U	M	I	N	A	R	E	M	E	Á	O	C
M	P	H	T	M	R	N	Q	I	D	L	O	T	A	N	S	E	A
K	G	U	I	A	S	L	U	I	N	S	T	R	U	I	R	E	Ç
H	K	T	D	C	U	A	U	Ç	S	Q	D	E	E	R	R	A	Ã
O	F	O	T	C	H	E	D	U	T	R	I	V	C	U	P	E	O
R	Ã	N	A	N	A	N	A	D	A	U	S	A	A	E	E	A	U
E	Ç	K	I	L	L	T	B	D	Y	O	F	É	R	O	R	D	Y
N	U	P	A	I	T	L	I	O	Â	R	E	E	A	L	D	D	O
T	A	Q	O	S	T	I	N	E	A	O	Ã	Ç	A	R	O	C	D
U	I	H	X	A	N	G	O	R	T	O	Õ	T	L	L	A	A	I
S	A	L	V	A	Ç	Ã	O	N	R	U	A	I	E	E	R	O	Õ
I	W	T	M	M	M	Ç	R	I	U	E	Ã	M	G	L	T	R	E
A	Õ	E	L	A	S	H	Õ	S	S	O	C	O	R	R	E	N	S
S	U	N	I	R	E	R	S	O	N	S	A	G	I	I	A	O	A
M	E	R	O	O	J	S	I	T	A	B	F	T	A	I	F	U	M
O	T	O	A	U	X	I	L	I	A	N	D	O	I	T	L	I	O

A Casa Religiosa

O Centro Espírita, Terreiro ou Templo, como queiram denominar, é, ao mesmo tempo, "escola", "templo", "hospital" e "lar". Por quê?

ESCOLA: porque é onde encontramos aprendizado, verdadeiras lições de vida;

TEMPLO: pois é uma casa de oração;

HOSPITAL: é um pronto-socorro espiritual e material para aqueles que precisam, é neste local que muitas pessoas procuram auxílio material, buscando cestas básicas, remédios, roupas, atendimento jurídico, dependendo da parte social que a casa realiza; e espiritual por meio dos passes e tratamentos espirituais realizados pelas entidades, nas sessões de trabalho e atendimento;

LAR: pois é um local de paz e equilíbrio para os que buscam boas palavras e paz de espírito.

O papel fundamental do Centro Espírita na sociedade é ajudar as pessoas no processo de reequilíbrio.

Cabe, portanto, à Casa Espírita, ajudar na mudança de comportamentos e atitudes dos que a procuram na vontade de receber ali a cura ou o alívio para seus males, para que todos compreendam que UMBANDA é uma religião e não moeda de troca.

Atividades desenvolvidas nos Centros Espíritas:

- Estudo da religião umbandista e seus fundamentos;
- Palestras Públicas: reunião na qual um palestrante expõe assuntos importantes para a nossa vida e para a comunidade;
- Assistência Espiritual: É o trabalho realizado pelos Espíritos, com o auxílio dos médiuns, nos quais buscam o equilíbrio espiritual das pessoas através do atendimento fraterno, da aplicação de passes e da água fluidificada;
- Educação Mediúnica: reunião na qual as pessoas estudam a mediunidade, aprendem sobre as entidades e como elas trabalham;
- Desobsessão: trabalho que busca auxiliar encarnados e desencarnados envolvidos em processo de obsessão. A obsessão é uma má influência que certos espíritos exercem sobre alguém;
- Evangelização Infantil: em que as crianças aprendem noções da doutrina umbandista;
- Assistência e Promoção Social: práticas de auxílio a pessoas carentes, como visitas a orfanatos, asilos e hospitais, distribuição de roupas e alimentos, realização de cursos e palestras educativas, etc.

Os Templos se mantêm, normalmente, por meio da contribuição mensal dos sócios que dele fazem parte, não sendo ninguém obrigado, nem constrangido a se tornar sócio.

Outra fonte de renda são eventos promovidos (almoços, bazares, exposições, etc.)

A Umbanda respeita todas as religiões, pois reconhece e ensina que somente a prática do bem, da justiça, do amor e da caridade podem elevar espiritualmente o homem, independentemente de qualquer crença ou religião que ele siga. Na Umbanda não temos uma hierarquia rígida como encontramos nas roças de Candomblé, porém gostaria de abordar um tema que hoje em dia, com o surgimento do estudo, começa a surgir algumas críticas quanto ao termo "Pai de Santo" e "Mãe de Santo". Não aconselhamos o uso desses termos, pois é impossível que alguém seja pai ou mãe de um santo. Na religião umbandista. "Zelador de Santo" é um termo correto, porém utilizado pelos sacerdotes de culto aos Orixás, que realmente zelam pelo santo.

Na nossa modesta opinião o termo mais correto para Umbandistas seria sacerdote e sacerdotisa.

Exercícios:

1 – Escreva o que você entende por Centro Espírita.

2 – E o nosso Templo?

2.1 – Você sabe qual é o nome dele?

2.2 – Você sabe o que significa esse nome?

2.3 – Há quanto tempo você o frequenta?

2.4 – Normalmente, com quem você vai ao Centro?

3 – Você sabe que tipo de atividades o nosso Centro realiza?

4 – Quem é o responsável pelo Templo de Umbanda?

5 – Como se organiza um terreiro de Umbanda?

6 – E as sessões de trabalho, como se desenvolvem?

7 – Como podemos combater a mistificação?

8 – Por que as pessoas procuram um Centro Umbandista?

9 – Como pode o médium trabalhar em um terreiro?

10 – Caso o Centro tenha atividade social, pode-se levar as crianças para uma visita durante as atividades? Você já foi ou gostaria de ir? Por quê?

11 – Existe algo que você não gosta no nosso Centro?

12 – O que podemos fazer para que nosso Centro seja cada vez melhor?

13 – Anotar os pontos mais importantes das respostas dadas pelas crianças e depois criar em conjunto com os evangelizandos um documento (carta, cartaz, desenhos, etc.) contendo uma mensagem de sugestões a ser entregue aos dirigentes da Casa.

14 – Faça uma redação com o título:

Meu Terreiro de Umbanda.

A Cor Branca

Quando da manifestação do Caboclo da Sete Encruzilhadas no momento em que ele expressou as diretrizes da nova religião, a Umbanda, uma de suas exigências foi que todos os médiuns, sacerdotes ou pessoas que participassem das sessões de Umbanda deveriam estar trajando roupas de cor branca.

A cor branca sempre foi utilizada desde os tempos remotos para simbolizar a paz e a fraternidade. Nas antigas ordens religiosas do Oriente, encontramos a cor branca como sinônimo de elevada sabedoria e alto grau de espiritualidade. Os Magos Brancos da antiga Índia eram chamados assim por utilizarem sua magia sempre para o bem e suas vestes sacerdotais eram sempre brancas. Quando o inimigo em uma batalha se sente vencido e quer a paz, o que faz? Levanta a bandeira branca. A cor branca dá a sensação de limpeza, beleza, paz e harmonia, por isso tantos profissionais a utilizam para representar sua ação, como por exemplo a área médica e a de ensino, que representa a sabedoria. Se isso não for o suficiente para seu convencimento, existe também uma razão científica para o uso da cor branca. Segundo estudos e pesquisas elaboradas pelo grande cientista Isaac Newton, descobriu-se que quando a luz solar (branca) passa por um prisma de cristal, desdobra-se a cor matriz (branca) nas cores do arco-íris, provando, assim, que a cor branca contém dentro de si todas as demais cores. Faça o teste para você ver que maravilhoso.

Exercícios:

1 – Por que devemos usar roupas brancas nas sessões?

2 – Quais profissões usam roupas brancas?

3 – O que são os Magos Brancos? Você acredita que na Umbanda trabalhamos semelhante a eles? Por quê?

4 – O que representa a cor branca nas Casas de Umbanda?

5 – Segundo Isaac Newton, o que existe dentro da cor branca?

6 – Vamos comprovar?

Pegue um cristal transparente e coloque-o abaixo de uma luz forte e veremos todas as cores do arco-íris refletir através do cristal. Lindo não?

Entrando e Saindo de uma Casa Umbandista

Ao entrar na Casa, o filho (médium) deve saudá-la antes de tudo e mesmo antes de saudar suas forças, cruzando o solo sagrado, e isto se faz na entrada da primeira porta da Casa.

Todo o chão de uma Casa, sem exceção, é sagrado e deve ser cruzado em seu início por três vezes, com a palma da mão voltada para cima. Isso significa a aceitação de que está entrando em um solo divino e sagrado e em um ato de humildade cruza-o, demonstrando a consciência de seu dever de obediência, respeito e disciplina religiosa.

O cruzamento do solo é feito com as costas das mãos por se entender que estas estejam limpas, uma vez que com elas nada se pega, como se faz com as palmas.

O ato de cruzar o solo deve acontecer sempre ao entrar e sair de um Templo ou ainda nos acontecimentos importantes.

Demonstrarei aqui como fazemos na nossa Casa "Guardiões da Luz":

Após o cruzamento do solo, os primeiros a serem cumprimentados são os Guardiões da Casa.

A pessoa deve parar diante da porta da Casa de Exu, curvar-se, em sinal de respeito, dar três batidinhas (de leve), com a mão esquerda, na porta da Casa de Exu e cumprimentá-la da seguinte forma:

- Primeiro o Guardião e a Guardiã donos da Casa.
- Feito isto, cumprimentarei o meu Guardião e a Guardiã.
- Caso a Casa trabalhe com Exus Mirins, cumprimentar também o Exu Mirim da Casa após saudar a Guardiã da Casa e saudar seu Exu Mirim após saudar sua Guardiã.

Feito isto, devemos nos posicionar em frente porta da Camarinha ou do Quarto de Santo, curvarmos, em sinal de respeito, e cumprimentarmos da seguinte forma:

Com a mão direita, damos três batidinhas, de leve, na porta e dizemos:

- "Salve o quarto de Santo! (ou camarinha!)"

O primeiro a ser cumprimentado é o Orixá dono da Casa, em seguida saúdo meu Orixá de Cabeça.

- Feito isso, dirijo-me ao altar da Casa e saúdo primeiro o chão da Casa, dando três batidinhas com a mão direita, em respeito ao solo sagrado, em frente ao altar.

Depois, bato três vezes a mão direita no primeiro andar do altar, onde ficam as imagem das entidades e digo:

- "Salve todos os Guias, entidades, Mestres, Mentores e Protetores desta Casa!"

Em seguida, bato três vezes com a mão direita na parte superior do Altar e saúdo:

- "Salve todos os Orixás desta Casa!"

Em seguida, bato três vezes com a mão direita na imagem de Oxalá, que deve estar acima de todas e, saúdo:

- "Salve meu pai Oxalá! Ê Epa Babá!"

Na nossa Casa o Altar Cigano é separado; então, após cumprimentar o Altar da Casa, eu me dirijo ao Altar Cigano:

Bato com a mão direita três vezes no chão, em frente ao Altar Cigano, e saúdo:

- "Salve todo o Povo Cigano!"

Em seguida, bato três vezes com a mão direita no Altar Cigano e saúdo o Cigano dono da Casa:

- "Salve Cigano/________"

Em seguida, saúdo Santa Sara Kali:

- "Salve Santa Sara Kali!"

Em seguida, bato três vezes com a mão direita no Altar Cigano e saúdo minha entidade cigana:

- "Salve Cigana/________!"
- "Salve toda a Corrente Cigana!"

Em seguida, vou para os atabaques da Casa, posiciono-me na frente dos atabaques e, tocando no corpo dos atabaques (**nunca no couro**!), com a mão reta posicionada para frente, saúdo-os:

- "Salve os atabaques da Casa!". Assim, finalizo os cumprimentos à Casa onde trabalho.

Por que saúdo os atabaques? Porque são instrumentos sagrados que, durante os trabalhos, nos ajudam a fazer nossa ligação com o plano espiritual, por meio do som e das cantigas, pois as cantigas também são uma oração.

Na saída, faz-se novamente todo o processo, mas agora se despedindo da Casa.

Então não esqueçam, devemos ter respeito pela Casa religiosa desde sua entrada.

Na porta de entrada, cruzamos o chão da Casa;

Cumprimentamos primeiro a Casa de Exu ou Tronqueira; em seguida cumprimentamos a Quarto de Santo ou Camarinha, caso exista na Casa; se não, cumprimentamos o Altar, em seguida o Altar Cigano (se for separado) e os atabaques.

Não esqueçam, sempre nesta ordem, tanto quando chegamos como quando saímos da Casa!!!

Exercícios:

1 - O que devemos fazer ao entrar no Templo religioso?

2 - Por que, após entrar na Casa, devemos cumprimentar primeiro a Tronqueira?

3 - Por que cumprimentamos os atabaques da Casa?

4 - E ao sair, o que temos que fazer? Devemos nos despedir? Como?

5 - Ao sair, devemos cruzar o solo sagrado? Em que momento?

O Cumprimento

Me dê a sua mão, me dê o seu amor
Eu quero te dar um aperto de mão
Oxalá nos criou, Oxalá nos uniu
Semeou o amor, e a tristeza sumiu
(Mãe Ceci)

Os religiosos umbandistas devem se cumprimentar sempre da maneira tradicional religiosa, que deve se iniciar com um cumprimento de mãos, envolvendo-se o polegar um do outro com um rápido fechamento das mãos, complementado com a volta da posição normal de um cumprimento feito com as mãos.

Conta a história de nossa religião que esse cumprimento era como se fosse um código entre os escravos que o usavam para significar que naquela noite haveria trabalho espírita, que como sabemos eram realizados às escondidas, dado o fato de sua prática ser proibida pelos senhores seus donos, que então dormiam enquanto os rituais se desenvolviam.

1 – Você sabe como é esse cumprimento? Se não, peça para que alguém o ensine. Se também não souberem, peça ao sacerdote da Casa para mostrar e treine com seus amigos.

2 – Por que foi criado esse tipo de cumprimento?

Pedido de Bênção

Todo bom filho
Pede bênção a seu Pai,
A bênção, Pai, bênção,
Boa noite, como vai?

O religioso espírita umbandista deve sempre que entrar ou sair de sua Casa Sagrada saudar e tomar a bênção de seus sacerdotes, tomando entre suas mãos a mão de seu Pai Espiritual, beijando-a respeitosamente, levando-a até sua testa e trazendo-a de volta à posição normal.

Quando isto ocorre, o filho está reconhecendo em seu Pai ou Mãe Espirituais o seu orientador que o conduzirá dentro da doutrina religiosa. Ao levar sua mão até a própria testa, representa, nesse ato, seu desejo de que aquelas mãos preparadas o conduzam nos serviços de Deus, representando ainda a humildade de que se serve para prosseguir em seu aprendizado e iniciação religiosa.

Ao tornar beijar essa mesma mão, de seu sacerdote, está admitindo que o respeita como intermediário entre ele e os Orixás, bem como os espíritos que o assistem, manifestando seu desejo de ser abençoado pelos Orixás responsáveis pelos seus sacerdotes e da Casa onde está se iniciando.

Exercícios:

1 – Numa Casa religiosa, quando devemos pedir a bênção e a quem?

2 – Como é esse pedido de bênção?

3 – O que representa o pedido de bênção na Casa religiosa:

4 – Por que levamos a mão até a testa?

5 – Você sabe pedir a bênção na sua Casa Religiosa? Caso não saiba, peça que alguém lhe ensine.

O Ritual da Toalha

Ô salve a pemba,
Também salve a toalha,
Salve a Coroa
Que é de nosso Zambi, é o maior.
(Cantiga de saudação à pemba e à toalha)

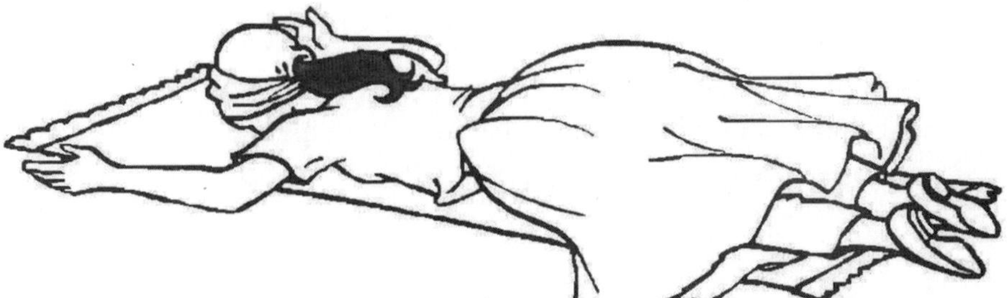

Cantiga de bater cabeça

Vai, vai, vai
Aos pés de Nosso Senhor,
Vai bater cabeça iaô
Que Oxalá mandou.

Conhecido também como o ato de *bater cabeça*, colocando-se de bruços e deitado em frente e aos pés de seu sacerdote, com a cabeça voltada e prostrada na toalha, significa a solicitação da bênção do seu Pai Espiritual e do seu Orixá. Representa em um ato de humildade a obediência e resignação aos preceitos religiosos, a aceitação daquela Casa e seus Mentores como seus condutores no caminho dos serviços de Deus e de nossa religião. É a submissão aos ordenamentos divinos e o reconhecimento de sua opção religiosa.

As mãos voltadas com as palmas para cima neste momento, no mesmo nível que a cabeça, é que vão complementar o recebimento das emanações vibratórias positivas de Deus e dos Orixás. Nesse instante devemos, em uma prece mental rápida, pedir auxílio aos Mentores espirituais, a Deus e aos Orixás, para um melhor desempenho de suas funções mediúnicas, recebendo o axé dos Orixás donos daquela Casa e Templo Sagrado.

O respeito aos seus sacerdotes é fundamental e definitivo no caminho da espiritualidade, pois são eles que vão ser os condutores de sua vida espiritual e religiosa.

Não insista em se achar uma exceção, porque não há exceções no caminho onde a humildade deve ser seu precursor em busca do aprendizado religioso.

Exercícios:

1 – Na sua Casa religiosa você sabe para quem deve pedir a bênção?

2 – Como pedimos a bênção a nosso Pai Espiritual?

3 – Quando estamos recebendo a bênção como devemos proceder?

4 – Devemos pedir algo? Como? Falamos com alguém?

5 – O que recebemos na hora da bênção?

As Guias

Guia = colar de contas utilizado pelos Orixás e entidades.

Cada guia é um objeto pessoal, não pode ser trocado nem utilizado por outra pessoa. Sua preparação deve ser feita sob as instruções rigorosas do sacerdote. Nossas guias são pontos de apoio, de vibrações, são pontos de atração das entidades e também servem como escudo, por isso, às vezes elas, do nada, quebram peças ou arrebentam.

As guias são colares de contas utilizados pelos Orixás e entidades, são polos de irradiação, para-raios para a defesa do médium. Na Umbanda todas as guias, pulseiras, contra-eguns, patuás e outros elementos são confeccionados somente com produtos naturais como: sementes, pedras, conchas, pedras preciosas e semipreciosas (mesmo que lapidadas), cristais, palha, palha-da-costa, cordonê e outros. Jamais se usa plástico ou outro produto artificial, porque não retém energia. Quanto ao metal, só é usado quando o sacerdote, Guia Espiritual ou Orixá pedem. Usam-se peles, partes de animais (dentes, guizos, unhas, etc.) sempre em harmonia com a entidade a quem se oferta a guia. As contas, sementes e outras peças devem formar múltiplos de 3, 7 ou 9. Todas as guias, pulseiras, contra-eguns, etc., devem ser fechadas pelo sacerdote da Casa (Pai ou Mãe), ou por quem eles autorizarem e cruzados também por eles ou pelos Guias Espirituais.

Brajá é o fio de contas usado por Babalawos e outros sacerdotes africanos; no Brasil, é usado por Babalorixás, Ogans e pessoas de outros postos de graduação no Candomblé. É um símbolo de nobreza, seriedade e sabedoria, e jamais poderá ser usado por pessoas que não tenham cargo ou posto.

Na Umbanda, o brajá é utilizado por algumas Casas, não sendo uma regra. Nas Casas umbandistas que utilizam o brajá, são os sacerdotes ou as entidades da Casa que dizem quem deve usar e explicam como confeccioná-los. O brajá mais comum na Umbanda é o confeccionado com missangas, utilizando sete firmas (pedras maiores) que dividem o brajá em sete "gomos", como na figura da página anterior. Eles podem conter de uma a sete voltas, não sendo uma regra, pois existem casas que usam até 21 voltas e 21 firmas.

Para montar a guia, o médium deve estar tranquilo, não deve estar conversando com outras pessoas; precisa estar concentrado em coisas boas e sem interferência externa. Depois de pronta, o médium deve deixar um fio grande para que o sacerdote da Casa feche a guia, pois ao fechar, o sacerdote faz uma oração pedindo para que aquela guia sirva para proteção, defesa e aumentar a vibração do médium que a usa. A guia é uma peça sagrada com força e irradiação para nos proteger das demandas e aumentar nossa força e nossa vibração. Por meio dessa guia o médium demonstrará a qual Orixá pertence sua cabeça e com quais entidades está trabalhando. Em certas Casas, também são confeccionadas guias de ancestralidade.

1 – O que representam as guias utilizadas pelas entidades e Orixás na Umbanda?

2 – Por que cada entidade e Orixá usa guias de cores e tipos diferentes?

3 – Qual é o material usado para confeccionar essas guias?

4 – Que entidade utiliza esse tipo de guia? Por quê?

5 – O que são brajas?

6 – Por que algumas pessoas têm guias com mais voltas que outras?

A Defumação

Defuma, defuma, ele vai defumar...
Defuma seus filhos e o mal vai levar...
Ele é rezador, ele filho nagô
Ele reza seus filhos
E o mal vai levar...
Defuma...

A defumação é imprescindível nos trabalhos realizados nos Templos umbandistas. As ervas utilizadas no processo de defumação são constituídas de pós, resinas, folhas secas, etc., tendo sido selecionadas por milênios, não só pelo aroma que emanam, mas pelos efeitos causados na mente humana e no ambiente astral, de acordo com seus fins.

É um engano acreditar que a simples fumaça é que provoca seus efeitos. Durante o processo de defumação, quando inalamos a fumaça, ela entra em contato com a corrente sanguínea e a função química provocada com a sua absorção pelo organismo provoca no cérebro uma reação capaz de aumentar, entre outras atividades, as ondas mentais projetadas que acabam por se compatibilizar no contexto espiritual geral, defumando de fato os ambientes, produzindo uma aceleração energética positiva incomum.

A química astral, atraída pela volatização produzida no momento da entonação e do acesso levado a efeito pela fumaça e sua ação, invade o ambiente astral local fazendo a limpeza e provocando uma irritação insustentável no corpo espiritual daqueles seres espirituais indesejáveis, acabando por expulsá-los do lugar, bem como expulsando as energias impregnadas nos ambientes, tais como: paredes, objetos, chão, etc.

Antes do início dos trabalhos já devemos deixar o carvão acendendo, pois assim, quando iniciarmos as cantigas para defumação, o carvão já estará em brasa. Iniciamos colocando as ervas secas que se transformam em fumaça, exalando suas qualidades curativas, equilibradoras e de limpeza dos campos astrais mais sutis preparando, assim, o ambiente, os médiuns e o astral.

Caso seja uma defumação fora do Templo, ao iniciar a mistura das ervas secas vá mentalizando aquilo que você quer que ela (a defumação) realize. Deve-se sempre caminhar com a fumaça de dentro para fora da casa, ou seja, dos fundos da casa em direção à porta de saída, passando por todas as dependências.

Qualquer pessoa pode defumar, porém seu coração deve estar cheio de amor e bom senso, pois sua evolução doutrinária e espiritual é que vai definir o êxito em varrer as energias negativas do ambiente.

Ao término da defumação, tanto no Templo religioso como em qualquer outro lugar, deve-se deixar o incensário, se possível do lado de fora; quando não for possível, devemos deixá-lo do lado da porta de saída.

EXERCÍCIO:

Vamos aprender a confeccionar um incensário ou turíbulo.

MATERIAL NECESSÁRIO:

1 lata vazia (pode ser de leite, ervilha, etc.)
1 prego de aproximadamente 10 cm, para fazer os furos
1 martelo
1 correntinha daquelas usadas em vasos que ficam pendurados
1 pacote pequeno de ervas secas – de preferência "7 ervas"

Devemos pegar a lata, retirar seu rótulo e limpá-la por dentro e por fora. Feito isso, vamos utilizar o prego para fazer alguns furos na lateral da lata, para possibilitar a saída da fumaça e para que tenhamos oxigênio para manter o carvão aceso (fazer os furos da metade para baixo, nunca no fundo, porque pode cair brasa ou desperdiçar as ervas). Faça também furos na parte superior lateral da lata, para colocar a correntinha para balançar o incensário.

Para preparar a defumação, você vai precisar de carvão em brasa, que será colocado no fundo do nosso incensário; feito isso, devemos aos poucos ir colocando as ervas.

Agora interagindo com as crianças.

1 – Ensine uma cantiga de defumação para as crianças

"O que, o que que cheira tanto assim
Arruda, guiné, incenso e benjoim
Mas a mata queimou, cheirou a guiné,
Vamos defumar filhos de fé
Defuma eu Babalaô,
Defuma eu Babalaô."

2 – E agora, crianças, nosso incensário (turíbulo) já está pronto, o que devemos fazer?

R: Colocar o carvão em brasa, alertando sempre para o perigo de queimaduras.

3 – E agora já podemos iniciar a defumação?

R: Não, precisamos das ervas secas!!!

Colocar as ervas secas. Veja que imediatamente já percebemos o resultado, pois as ervas secas assim que tocam o carvão em brasa se transformam em fumaça, que nada mais é do que a defumação.

4 – Agora balance o incensário de um lado a outro, se precisar assopre também.

As crianças perceberão que a fumaça já começa a sair. Está se iniciando a defumação.

5 – Caso queira simular uma defumação, você deve pedir licença a Casa e pedir que as crianças iniciem a cantiga de defumação, acompanhando com palmas, e você inicia a defumação explicando e falando em voz alta, tudo o que se deve pedir em uma defumação, para que eles possam aprender.

Deve-se orientar as crianças do perigo do carvão em brasa e que a alça do incensário deve sempre estar colocada longe da lata, senão podemos queimar as mãos ao pegá-la.

O Fumo e a Bebida

Enquanto o fumo germina, cresce e se desenvolve, ele se alimenta das mais variadas energias do solo e do meio ambiente, absorvendo calor, energia, magnetismo, raios infravermelhos e ultravioletas do sol, polarização eletrizante da lua, sais minerais, oxigênio, hidrogênio, luminosidade, aroma, fluidos, cor, vitaminas, nitrogênio, fósforo, potássio e o húmus da terra. Assim o fumo condensa forte carga etérea e astral que, ao ser liberada pela queima, emana energias que atuam positivamente no mundo oculto, podendo desintegrar fluidos adversos à contextura perispiritual dos encarnados e desencarnados. O charuto, o cachimbo e até mesmo o cigarro utilizados pelas entidades no trabalho funcionam apenas como defumadores individuais. Lançando a fumaça sobre a áurea, os plexos ou feridas, os espíritos vão utilizando sua magia em benefício daqueles que os procuram com fé.

Da mesma forma como os defumadores, os charutos, cachimbos, cigarrilhas e cigarros de papel ou palha, são instrumentos fundamentais na ação mágica dos trabalhos umbandistas executados pelas entidades. O fumo e bebidas são ferramentas dos Guias para os trabalhos na Umbanda, porém, caso o médium não possa ou não queira fumar e beber, a entidade irá respeitar sua decisão. A queima do tabaco funciona como um defumador individual, próprio, dirigido ao objetivo do Guia, que não traz nenhum vício tabagista, como dizem alguns, representando apenas um meio de descarrego, um bálsamo utilizador e ativador dos chacras dos consulentes.

Como nos dizem nossos queridos Pretos-Velhos: "Na fumaça está o segredo dos trabalhos da Umbanda". Geralmente os Guias não tragam a fumaça, apenas enchem a boca com a fumaça e a expelem sobre o consulente ou para o ar, utilizando-a apenas para "defumar" o ambiente e as pessoas por meio das baforadas.

Os Exus são os que mais fazem uso da bebida. Isso se dá ao fato de essas linhas utilizarem muito de energias etéricas, extraídas de matéria para manipulação de suas magias, para servirem como "combustível" ou "alimento", encontrando, então, uma grande fonte dessa energia na bebida. Estas linhas estão mais próximas às vibrações da Terra, por isso ainda necessitam dessas energias, retiradas da matéria, para poderem realizar seus trabalhos e magias!

O marafo também é usado para limpar os pontos. O álcool, por sua volatilidade, tem ligação com o ar e pode ser usado para retirar energias negativas do médium. Já o álcool consumido pelo médium também é dissipado no trabalho.

Texto para reflexão:

João Caveira

Joyce Gorgoll/Pandora

Estava lá fora, sentada, fumando, quando senti a aproximação de um guia espiritual que me acompanha, o Exu João Caveira.

Nossa conversa, apesar de se estender um pouco, foi bem interessante; discutimos acerca do uso do álcool e do fumo na Umbanda, tão mal falado por seguidores de outras religiões e mal explicado por nós, médiuns.

Ele se aproximou de mim e eu disse:

– Salve, compadre!

– Salve, moça!

– Eu vou comprar o uísque que te prometi, mas gostaria de saber se o senhor vai tomar na garrafa.

– Sim, por quê?

– Hum, porque eu acho que não vão deixar o senhor tomar na garrafa; lá no terreiro, o uso do álcool é controlado.

– Sei disso, mas tomarei na garrafa assim mesmo.

– E como o senhor tem tanta certeza disso?

– Simples, eu sou um Exu Guardião, trabalho dentro das leis da Umbanda, que provêm do Alto, não bebo por vício ou prazer; se eu quisesse apenas beber, seria mais fácil encostar num médium que estivesse no bar, bebendo, e não num terreiro de Umbanda, entende?

– Sim. Já que o senhor está por aqui, poderia me explicar um pouco sobre essa questão do uso do álcool e do fumo na Umbanda?

– Posso. O álcool é apenas um extrato da planta, pode ser da cana, da uva, entre outras plantas; logo, quando estou com o marafo (pinga) na mão, estou utilizando o elemento vegetal, porém, tendo em vista que a planta se abastece de água, e é composta por água em seu caule e folhas, o álcool tem uma parte do elemento mineral; sendo assim, quando eu estou com meu marafo, estou manipulando duas energias de elementos distintos da natureza, que se fundem e me dão um resultado, o elemento mineral mesclado com o elemento vegetal. Quando incorporado, bebo o marafo para limpar o médium e alterar o seu estado de consciência, fazendo com que ele fique mais disperso e facilite o meu trabalho. Quando sirvo ao consulente, serve para descarrego e também para deixá-lo mais à vontade, sabe, parece que não é fácil conversar com Exu, o povo fica tenso, então eu uso dessas propriedades para deixá-lo mais tranquilo e também serve como um contraste, pois eu adentro o "interior" do consulente.

– Legal, e o fumo?

– O fumo é feito de uma combinação de ervas. Claro que hoje em dia eles misturam um monte de porcaria, esses fumos industrializados não são muito fortes porque contêm mais agentes químicos do que ervas, por isso que se fuma muito. Para manter o charuto aceso, ele forma uma brasa, certo?

– Certo.

– Esse é o elemento ígneo, e a fumaça que sai é o elemento eólico. Essa combinação dos três elementos: vegetal, ígneo e eólico ajuda a equilibrar a aura do consulente, envolvendo-a como um manto protetor, e também dissolve alguns tipos de larvas astrais, miasmas, entre outras funções.

– Mas e...

– Já sei, vai me perguntar onde está o elemento terra, não é?

– Pois é...

– O elemento telúrico está presente o tempo todo, é o único que o guia não pode ficar sem utilizar em uma sessão. Mesmo em terreiros que não se utilizam de álcool e fumo, pois encontraram uma outra alternativa para suprir essas necessidades, veja bem, eles se utilizam de outras alternativas, não porque são mais ou menos evoluídos, apenas trabalham diferente, mas nunca poderão deixar de utilizar o elemento telúrico, que está abaixo dos nossos pés, e isso explica por que não se usam calçados nas giras.

– É verdade.

– A terra é uma ótima condutora de eletricidade; sem perceber, numa combinação de passes, toda a energia é descarregada na terra, mas há também o sentido contrário.

– Como assim?

– Para aquela pessoa que está ansiosa, irritada, o corpo dela está conduzindo eletricidade em demasia, sofrendo diversas descargas elétricas em virtude do desequilíbrio emocional, o passe é dado de forma que essas descargas sejam descarregadas na terra, deixando o consulente mais calmo, tranquilo e esperançoso. O sentido inverso ocorre quando o consulente está, por exemplo, desanimado, seu corpo produz uma estática, ou seja, há uma ausência total ou quase total de descargas elétricas; dessa forma, é dado um passe ao contrário, ou seja, a terra, por meio de descargas elétricas, provocam essa estática e reanimam o consulente, dando uma sensação de força e fé a ele. Entenda que o corpo também necessita de eletricidade, mas esta não pode ficar ausente totalmente ou em demasia, deve ter uma quantidade certa para que o corpo, a mente e o espírito estejam em equilíbrio.

– Poxa, que interessante.

– É muito simples, não tem muito mistério não. Só vim ver como andam as coisas por aqui, tenho outras coisas a fazer agora, e não vim te cobrar meu uísque. Até mais!

– Até mais, compadre! Salve suas forças.

E ele se foi, deixando-me com a cabeça cheia de informações. Parece até que tantas respostas eram até óbvias, mas a gente nem imagina que é tão simples como parece.

Salve todos os Exus!!!

Salve Sr. João Caveira, por sua luz, força e sabedoria! Axé!

Exercícios:

1 – Por que as entidades fumam e bebem durante as sessões?

2 – Como funciona o tabaco em um trabalho de Umbanda?

3 – Qual entidade mais faz uso da bebida alcoólica nos trabalhos?

4 – Além das entidades beberem o marafo durante as giras, para que mais é usada essa bebida nas Casas?

5 – Como o fumo adquire a carga etérea e astral?

6 – Na história contada pelo Sr. João Caveira, quando uma entidade oferece bebida a um consulente, qual é sua intensão?

7 - Segundo Sr. João Caveira, o fumo é feito com uma combinação de ervas, certo? O que acontece quando acendemos esse fumo?

8 - Qual sua opinião sobre este assunto?

Atabaques, pontos cantados e riscados

Os atabaques são instrumentos sagrados, não podendo ser tocados a não ser pelo atabaqueiro (Ogan = título de quem toca atabaque).

Os atabaques, via de regra, são consagrados aos seus donos, cuja consagração se dá a um dos Orixás individualmente. Carregam os atabaques, além dos atributos naturais e magísticos de proporcionar a vibração e a frequência necessárias para a celebração da gira, as evocações, por meio do som, e a abertura e o fechamento do facho energético nos trabalhos. Ainda assim, os atabaques integram o conjunto de instrumentos de segurança, culto, evocação e sagrados de uma casa.

Então temos de ter um atabaque para tocar para cada Orixá? Não, pois mesmo pertencendo a um determinado Orixá ele recebe axé de todos os outros, podendo assim tocar e louvar a todos. Pelo toque dos atabaques, abre-se um facho de vibração que harmoniza o mundo espiritual com o mundo material, permitindo a aclamação ou a louvação dos Orixás e entidades que participam ou participarão dos trabalhos religiosos.

Os *pontos cantados* tem o poder de evocação e louvação. E é por meio deles que as entidades e Orixás também se identificam e se manifestam. Os pontos cantados ainda proporcionam uma série de outras atividades dentro de uma Casa, inclusive de suporte ao desenvolvimento, desfazimento de eventuais magias, etc., bem como possibilitam às divindades identificarem quando são louvadas e convidadas para entrar (incorporar) na gira naquele momento.

Existem dois tipos de pontos cantados: os pontos de raiz, que são aqueles enviados pela própria espiritualidade, e os pontos elaborados por pessoas encarnadas. Os pontos de raiz ou espirituais não devem ser modificados, pois trazem expressões e palavras colocadas de forma exata, que fazem abrir determinados canais, direcionando forças para os mais diversos fins.

Com a força desses cantos sentimos nossa fé renovada, tamanha é a força da verdade e da mensagem que carregam, por isso devemos cantar com o coração, para que assim a magia do bem se faça por toda a Casa.

Os *pontos riscados* são, na maioria das vezes, a assinatura da entidade ali presente, e por meio dele saberemos quem é a entidade espiritual que está fazendo o ponto riscado, qual sua falange e linha de trabalho. Funcionam ainda como grafia universal de identificação e de feitos magísticos de muitas ordens, abrindo canais de interação com forças energéticas que refletem no plano material, para atuarem em determinada situação.

É através do ponto riscado, que a entidade mantém uma fonte de energia ligada ao plano astral, oferecendo a ela a firmeza necessária para o trabalho em terra.

O instrumento utilizado pelas entidades para riscar o ponto é a pemba (uma espécie de giz). Segundo muitos pesquisadores, a pemba foi trazida pelos bantos, que já a faziam para seus ritos religiosos na África. A palavra pemba significa cal em kimbundo, e pemba é o termo para giz em kikongo.

Exercícios:

1 – Qual o significado dos atabaques em uma sessão de Umbanda?

2 – Por que não devemos tocar nos atabaques?

3 – Quem pode tocá-los e por quê?

4 – O que descobrimos por meio do toque dos atabaques?

5 – O que são os pontos cantados?

6 – Para que usamos os pontos cantados?

7 – Existem dois tipos de pontos cantados, quais são e qual a diferença entre eles?

8 – Por que devemos cantar com o coração?

9 – O que é um ponto riscado?

10 – Para que a entidade risca o ponto?

11 – Complete a frase: – Através do ponto riscado podemos descobrir o ___________ da entidade, sua ______________ e sua ________________.

Ponto do nome do Preto-Velho Pai Thomé de Aruanda

O que é ser um cambono?

Na compreensão das casas religiosas de Umbanda, sem que se entre em mérito e na origem da palavra, cambono ou cambone é aquela pessoa designada para a atividade de prestar assistência às entidades que se manifestam em uma Casa de Umbanda, bem como de auxiliar durante todo o trabalho e às pessoas que ali desejam ser atendidas. Um cambono dentro do solo sagrado é uma pessoa de vital importância, pois é ele quem vê e assiste a tudo. Então, aquele que tiver vontade de ser um bom cambono deve estar sempre atento a tudo o que acontece em um terreiro durante a gira.

Deve preparar o espaço para a chegada das entidades, deve deixar tudo organizado no local dos trabalhos espirituais, pembas, blocos de anotação, velas, tudo tem de estar pronto para a chegada dos Guias, tudo o que a entidade usa durante os trabalhos tem que estar à mão do cambone para que ele não tenha que se ausentar durante a sessão.

O trabalho de ser cambono é uma escola, um aprendizado sem fim. O cambono deve saber todas as cantigas utilizadas nas giras para poder auxiliar o Ogan.

O maior tesouro para um cambono deve ser seu caderno e sua caneta, para poder anotar tudo o que as entidades falarem de recados e trabalhos a serem realizados. Esse caderno deve ser utilizado somente por ele, ou seja, cada cambono deve ter o seu caderno de anotações. Quando for anotar algum recado, deve em primeiro lugar anotar o nome do consulente; caso haja mais de uma pessoa com o mesmo nome, deve colocar algo que o ajude a identificar cada uma para que assim não passe o recado para a pessoa errada. Após isso, deve escrever o nome da entidade que está atendendo na consulta e escrever detalhadamente tudo o que a entidade pedir para ser feito, tim tim por tim tim. Caso a pessoa não entenda o que a entidade disser, o cambono deve auxiliá-la. O cambono precisa ser sempre muito humilde, nunca se antecipar a nada, saber ouvir sempre, e, caso a entidade fale alguma coisa que não consiga entender, deve dizer a ela: "Desculpe, mas eu não entendi". Com toda certeza a entidade repetirá novamente, e, se novamente não entender, deve novamente dizer: "Não entendi!". Esse processo deve repetir-se até que o cambono tenha absoluta certeza de que entendeu tudo o que a entidade disse, se possível deve repetir tudo o que anotou para a entidade antes de passar para a pessoa que está sendo atendida.

As entidades normalmente falam de forma diferente da que falamos, principalmente os Caboclos e os Pretos-Velhos; por isso, nunca um cambono deve "fingir" que entendeu o que a entidade falou, pois se isto acontecer e o cambono passar o recado errado, ou não ensinar de maneira correta o que deve ser feito, a cobrança maior recairá sobre o cambono que ensinou errado e não sobre a pessoa que não foi devidamente instruída, pois se espera que aquele que se presta ao serviço de cambonar uma entidade tenha, no mínimo, o bom senso de dizer quando não entendeu.

O cambono deve dirigir-se às entidades sempre com muito respeito, chamando-as de senhor ou senhora, nunca de você, pois eles são seres que estão muito além do nosso desenvolvimento espiritual, são espíritos de luz que estão aqui para nos auxiliar e por isso merecem todo o nosso respeito e dedicação. Deve, também, sempre chamá-los pelo nome de força, por exemplo Sr. Sete Flexas, Dona Jupira, Dona Maria Bonita, Sr. Tranca-Rua. Muitas pessoas têm o mau hábito de chamar uma entidade com excesso de intimidade que não lhe foi dada; por exemplo, muitas pessoas chamam o Sr. Tranca-Rua de "Seu Tranca", mas quantos Sr. Tranca existem? Existe o Sr. Tranca-Rua, o Sr. Tranca-Tudo, o Sr. Tranca-Gira, etc.; a qual desses essa pessoa estará se dirigindo? Não importa que ela saiba, o que importa é que ela diga o nome com o respeito e a dedicação devidos, pois a maioria das vezes as entidades não gostam de serem chamadas por apelidos, com intimidade ou pela metade do nome, mas elas jamais reclamarão disso, pois cada um sabe de si, e tudo o que é pedido no astral deve ser pedido com todas as letras, pois fica registrado lá, são nossas dívidas, que depois do nosso desencarne nos serão cobradas como um acerto de contas. Se pedirmos só coisas boas e de bom coração, nada teremos a temer; porém, se pedirmos o mal de alguém ou coisas ruins, isto sim nos será cobrado.

Um cambono nunca deve revelar o que ouviu, durante um trabalho ou atendimento, a ninguém, a não ser para o aparelho da entidade a quem cambona e para o dirigente da Casa, e nunca deve esquecer de dar um recado.

Um cambono, antes de começar a gira, deve sempre conferir tudo o que a entidade vai usar para ver se não está faltando nada. Se estiver faltando, deve providenciar prontamente para que nada falte ou atrapalhe aquele trabalho que será realizado. Caso o cambono não perceba a falta de alguma coisa e durante os trabalhos a entidade necessitar, o cambono deve assumir sua falta de atenção ou seu esquecimento, não querendo ou deixando que a responsabilidade que é sua recaia sobre outras pessoas. Por mais brava que seja a entidade, deve sempre assumir seus erros, pois ninguém engana uma entidade. A entidade sabe que foi erro seu, pode até não dizer e aceitar sua desculpa esfarrapada, porém a entidade sempre saberá a verdade. Não se iludam pensando que podem enganar uma entidade. Você pode enganar ao médium, mas jamais à entidade.

Durante a gira, assim que chega a entidade chefe do terreiro, todos os filhos da Casa devem se ajoelhar em sinal de respeito. Isso se aplica também aos trabalhos de esquerda. Quando o Guardião ou Guardiã da Casa chegar, todos os filhos devem se ajoelhar para saudá-lo e recebê-lo, em sinal de respeito, admiração e gratidão.

Assim que uma entidade chega num terreiro o cambono deve dirigir-se a ela, cumprimentá-la com o devido respeito. Caso o cambono tenha dúvida de quem é aquela entidade deve perguntar, sem medo, que ele lhe responderá. Caso seja uma entidade nova, o cambono deve perguntar seu nome; caso ela ainda não tenha permissão de falar, não faz mal. O cambono deve agradecer sua estada na casa e que espera que de uma próxima vez lhe seja permitido dizer seu nome. Agradeça e depois pergunte se ele deseja alguma coisa, se ele deseja beber ou fumar, se quer dizer algo ou dar algum recado. Se se tratar de um médium em desenvolvimento, normalmente a entidade quando incorpora nunca diz seu nome na primeira vez, na maioria das vezes a entidade nem sequer fala, isto está correto, porém o cambono deve toda vez perguntar o nome da entidade. Mesmo que a entidade já tiver vindo 10 ou 20 vezes e dito que ainda não tem permissão para dizer seu nome, o cambono deve sempre perguntar, pois um dia ele terá a permissão de dizer, e na maioria das vezes, uma entidade só diz seu nome quando lhe é perguntado.

Depois de iniciados os trabalhos nem o cambono, nem ninguém, pode sair ou entrar no solo sagrado sem a permissão do dirigente da Casa, da entidade chefe ou de quem estiver designado a autorizar. Chama-se de solo sagrado o local específico onde fica o terreiro, ou seja, o local onde a gira é realizada.

O cambono deve sempre orientar os membros da assistência para nunca saírem de costas para o solo sagrado. Devem sempre saudar o terreiro e pedir licença antes de entrar no solo sagrado, e ao sair, devem sempre sair de frente para o solo sagrado e agradecer.

Deve também o cambono orientar as pessoas da assistência para que quando falarem com as entidades não utilizem gírias, palavras de baixo calão, ou até mesmo palavras mal colocadas, para que não deem margem de seu pedido ser mal interpretado pelas entidades.

Todo cambono deve conhecer todas as regras da casa onde vai trabalhar para poder auxiliar a entidade durante os trabalhos. Caso a entidade faça algo que está contra as normas da casa, o cambono deve imediatamente, com muito respeito, comunicar isso à entidade, explicando-lhe que naquela casa não é permitido que aja daquela maneira.

Para ser um bom cambono, é necessário primeiro que conheça um pouco de cada entidade das linhas de Umbanda, e sempre ter na consciência que todas as linhas trabalham única e exclusivamente para a Luz.

Exercícios:

1 – O que é um cambono?

2 – O que faz um cambono?

3 – Qual é seu maior tesouro? Por quê?

4 – O cargo de cambono é importante? Por quê?

5 – Qual é o trabalho do cambono antes do início da gira?

6 – Como o cambono deve agir quando chega uma entidade nova no terreiro?

7 – As pessoas que ainda estão se desenvolvendo na Umbanda, que são iniciantes na incorporação, devem ser atendidas pelos cambonos? Explique.

8 – O cambono trabalha somente com a entidade ou fala com as pessoas que serão atendidas também? Explique.

9 – Como deve agir um cambono após o encerramento dos trabalhos?

Abertura dos Trabalhos

Para iniciarmos uma sessão umbandista, os médiuns devem posicionar-se em fileiras de frente para o altar e cantar o Hino da Umbanda; após o término do Hino, saúda-se todas as linhas de Orixás e as Sete Linhas da Umbanda.

Em seguida os médiuns colocam-se lado a lado formando uma roda, dando as mãos e iniciando uma oração, solicitando ao plano espiritual autorização para a abertura dos trabalhos. Essa oração deve ser, via de regra, uma das de preferência do dirigente dos trabalhos. Algumas orações bastante utilizadas pelas casas é a Prece de Cáritas, o "Pai-Nosso" e a "Ave-Maria".

Ave-Maria
Ave Maria,
Cheia de graças
O Senhor é convosco

Bendita sois Vós entre as mulheres
Bendito é o fruto do Vosso ventre, Jesus,
Santa Maria, mãe de Jesus,
Rogai por nós pecadores
Agora e na hora do nosso desencarne.
Que assim seja!

Pai-Nosso

Pai nosso que estais no céu
Santificado seja o Vosso nome
Venha a nós o Vosso reino
Seja feita a Vossa vontade
Assim na Terra como no céu.
O pão nosso de cada dia nos dai-nos hoje,
Perdoai as nossas ofensas
Assim como nós perdoamos a quem nos tenha ofendido.
Não nos deixeis cair em tentação,
Mas livrai-nos de todo o mal!
Que assim seja!

Fazer uma reflexão com as crianças sobre essas duas orações, mostrando com explicações simples o que as mesmas representam e querem dizer.

Após o término da oração, inicia-se a cantiga para abertura dos trabalhos:

Eu abro a nossa gira com Deus e Nossa Senhora
Eu abro a nossa gira sandorê pemba de angola
Nossa gira está aberta com Deus e Nossa Senhora
Nossa gira está aberta sandorê pemba de angola.

O ponto de abertura deve ser cantado por todos os participantes do trabalho, inclusive a assistência.

Algumas casas mantêm o altar fechado por cortinas e, enquanto se canta as cantigas de abertura dos trabalhos, os médiuns designados vão abrindo as cortinas do congá.

Após a abertura do congá, inicia-se o ponto de bater cabeça, para que o sacerdote da Casa faça a saudação ao congá, e após isso, os filhos da Casa saúdam o sacerdote; o ponto deve ser cantado até que o último filho da casa saúde o sacerdote.

A seguir, o sacerdote inicia a defumação. O cântico de defumação deve ser entoado continuamente, até que todos os presentes tenham sido defumados.

Um dos médiuns da Casa fica incumbido de acender o turíbulo e entregá-lo ao sacerdote da Casa, que inicia a defumação do terreiro todo e logo após dos filhos, um por um, e somente depois a assistência.

Quando a Casa e todas pessoas presentes já tiverem sido devidamente defumadas, o sacerdote dirige-se novamente para a frente do Congá e escolhe um de seus filhos para defumá-lo. Após a defumação, o sacerdote entrega o turíbulo para que o levem até a porta da casa, de preferencia na porta de entrada. Feito isso o sacerdote faz as saudações necessárias e inicia os trabalhos cantando cantigas destinadas às entidades que virão trabalhar.

O Passe

O passe é uma troca de energias que altera o campo vibracional da pessoa. É um ato de doação, uma transfusão de amor. A energia movimentada no passe tem origem no Fluido Vital ou Magnético, que através da imposição das mãos de quem aplica o passe sobre o corpo da pessoa que irá recebê-lo é realizada a transferência de energia magnética e Fluido Espiritual. Nesse momento também é retirada toda energia negativa que se encontra na pessoa. Com essa troca de energia a pessoa se sente revigorada e com suas forças renovadas.

Na Umbanda, quem aplica o passe é a entidade. Na maioria das vezes são os Caboclos ou Pretos-Velhos, isto não significa que somente essas entidades possam aplicar o passe; qualquer entidade pode, porém, os mais comuns são os Caboclos e os Pretos-Velhos. Na hora da aplicação do passe ele deve ser discreto; as entidades que fazem uso do fumo, nesse momento costumam "baforar" fumaça em quem está recebendo o passe a fim de "limpá-la", ou seja, nesse instante a fumaça do charuto funciona como uma defumação. As entidades, às vezes, também conversam com a pessoa que está recebendo o passe, diferentemente dos passes feitos em mesas kardecistas, que devem ser silenciosos, discretos, sem balbuciar orações e sem exageros de movimentos.

No momento da aplicação do passe a oração é muito importante, pois é nela que conseguimos energias boas para repassar a quem está recebendo o passe. Na hora do passe a nossa vontade de ajudar, de aliviar a dor, de curar, é o que faz com que emanemos fluidos magnéticos com propriedades curativas. Os bons sentimentos são tão importantes quanto os movimentos de nossas mãos. Sem a ideia iluminada pela fé e pela boa vontade, não conseguimos a ligação com os Espíritos amigos que atuam sobre nós naquele momento. A aplicação do passe é uma doação dos melhores sentimentos e vibrações que possuímos. Portanto, o ato sublime do passe que é exatamente um repasse e conexão do mundo espiritual misturado com a boa energia do médium que vai inundar de energias, limpadora, de cura e de amor o recebedor. O sentimento mais importante nesse momento é o amor e a boa intenção de repassá-lo, devendo sempre o médium aplicador saber que tipo de aplicação deseja fazer para com a ajuda e participação efetiva sua e dos mentores espirituais possa liberá-la, podendo ser como afirmamos acima de várias naturezas, mais comumente de limpeza ou cura, bem estar, fortalecimento, etc.

Ilustração de um passe sendo aplicado em um trabalho de mesa

Trabalho de Desobsessão

Para entendermos os trabalhos de desobsessão é necessário que entendamos um pouco sobre os espíritos obsessores.

O que é obsessão?

OBSESSÃO: Impertinência excessiva. Ideia fixa, mania.

OBSEDAR: Prática da obsessão. Ficar com uma ideia fixa.

OBSESSOR: Aquele que pratica obsessão.

OBSEDADO: Vítima do obsessor.

A obsessão é um estado constante que se transforma em um processo de vingança. É um perseguidor e vem dotado de um comportamento moralmente deseducado. O espírito obsessor busca alívio para o seu sofrimento perseguindo aquele que o feriu, tornando-se ambos infelizes, obsessor e obsedado, e ainda envolvem outros nas tramas de suas desgraças. Porém, no plano espiritual tudo está previsto, ao mesmo tempo em que permitem a cobrança de nossas faltas, nos liberam pelo resgate.

Afinal, o que são obsessores?

São espíritos embrutecidos pelo tempo. Parados, estagnados, num ódio ou numa fixação extrema que às vezes nem sabe por quê. Geralmente já estão cansados dessa condição. Apesar de muitos não demonstrarem isso, anseiam pelo momento do reencontro com o Pai Maior, por isso cada gota de amor a eles dispensada é muito valiosa.

Essa gotinha de amor é um bálsamo nas suas feridas, nas suas mágoas, nos seus rancores, por isso o doutrinador sempre deve empenhar-se ao máximo para dirigir palavras de muito afeto e compreensão aos espíritos obsessores.

Quanto mais dizem que querem voltar, mas desejam ser socorridos e entender a realidade. Quando conseguimos arrancar-lhes a carcaça de durões e perversos, encontramos o verdadeiro espírito sofrido, triste, magoado e confuso. Portanto, não podemos julgá-los, apenas ajudá-los com muito amor, pois é isto que os ajudará.

O alvo dos obsessores são, na maioria das vezes, pessoas que têm um débito muito elevado com a Lei Divina, uma vez que se acredita que sejam responsáveis por comportamentos graves contrários à Justiça de Deus, em encarnações passadas.

O perdão que concedemos àquele que nos feriu não livra o ofensor do seu pecado, mas libera o ofendido, que, com o perdão, evita que se reabra o círculo vicioso da obsessão. Nesse angustioso círculo de fogo e lágrimas, de revolta e dor, ficam presas, por séculos e séculos, multidões cegas pelo ódio e nunca satisfeitas com a vingança, que não saciam coisa alguma. Apenas juntam mais lenha à fogueira que arde.

O perdão liberta.

Como podemos negar o perdão a quem nos magoou, se o exigimos para nós, exatamente para as dores que resultaram da nossa imprudência em ferir os outros?

O obsedado só pensa em livrar-se de seus adversários, a qualquer preço, mas se esquece, ou ignora, que ele também está em dívida perante a Lei, pois, de outra forma, não estaria sujeito a obsessão. O obsessor, por sua vez, procura punir o companheiro que o fez sofrer, esquecido de que ele próprio criou as condições para merecer a dor que lhe é infligida. Julga-se no direito de cobrar, pensando assim cumprir a Lei de Deus, para que a justiça se faça. E, de fato, a lei do equilíbrio universal coloca o ofensor ao alcance da punição, que é a oportunidade do reajuste.

Muitos espíritos se tornam obsessores ou trabalhadores dos baixos trevosos por não terem coragem de enfrentar suas vítimas. Muitas vezes eles foram pessoas de grande estima dos mesmos e, em um momento de insensatez, cometem uma loucura. Aí, em vez de tentarem reparar seus erros depois do desencarne, fogem desesperados, tornando-se servidores das baixas trevas; preferem continuar no escuro e sofrendo as barbaridades e castigos a eles infringidos, já que são sofridos e acostumados a serem castigados e punidos. Quando vislumbram a possibilidade de subirem para a luz, se apavoram, pois sabem que suas antigas vítimas os estão esperando. Quando eles as veem, no primeiro instante, as repelem e ficam mais duros do que nunca, rindo, desprezando-as e amaldiçoando-as, pois no seu entender elas estão ali para cobrar o que lhes fora feito. Então, cabe ao doutrinador dizer-lhes que elas os esperam com o coração aberto, cheias de amor e suplicando a Deus para que eles encontrem o caminho do Pai e possam continuar suas evoluções. As supostas vítimas entendem que a Justiça Divina é justa! Não é boa nem má. Só é justa! E se elas foram castigadas nas mãos dele, é porque anteriormente também o fizeram sofrer. Assim é a Lei de Deus, assim é a Justiça Divina, por isso elas já o perdoaram e estão ansiosas para que eles entendam isso, a fim de que juntos possam resgatar seus débitos e prosseguir seu caminho em direção ao Pai.

Assim se dá o processo da obsessão, e quando chegam em nossos terreiros, as pessoas que estão sendo obsediadas dirigem-se ao Sacerdote da Casa para pedir ajuda, faz-se o trabalho de desobsessão que é justamente como está ilustrado no desenho abaixo.

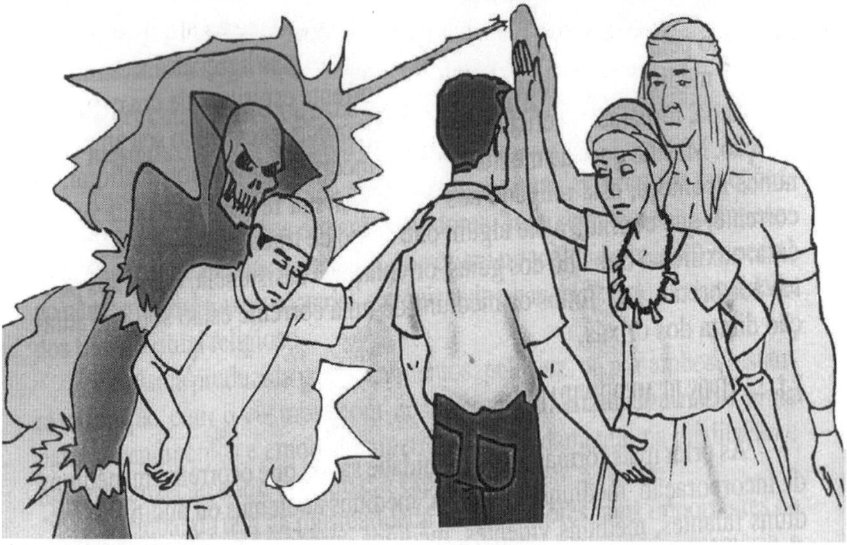

O obsedado se posta à frente do médium que irá iniciar o processo de desobsessão. O médium incorporará seu Guardião, Caboclo ou Baiano, excepcionalmente um Preto-Velho, para dar início ao processo de desobsessão. Outro médium se posicionará atrás do obsedado colocando sua mão no ombro da pessoa obsediada, dando passagem para o espírito obsessor se manifestar incorporando nesse médium. Outro médium fará a doutrinação desse espírito explicando que ele não pode ficar acoplado àquela pessoa e terá de seguir seu caminho. Caso ele se recuse a ir embora e deixar a pessoa em paz, ele será "amarrado" e levado por um Caboclo ou Guardião, que o manterá afastado daquela pessoa.

Ele será levado para uma sala de doutrinação onde iniciará um trabalho incansável de ensinamentos sobre o perdão, amor ao próximo e onde serão recordados os bons momentos que aquele espírito teve quando encarnado. Tudo isso para ajudar a amolecer o coração já embrutecido do espírito e fazê-lo aceitar a graça concedida por Deus, que é a de seguir no caminho da evolução espiritual.

Quando se tratar de um espírito que foi enviado por meio de um feitiço, a doutrinação se dará da mesma forma, pois esse espírito será retirado do obsedado e será levado para a sala de doutrinação para aprender o caminho do bem.

Gostaria de explicar que quando se diz que um espírito é "*amarrado*" pelo plano espiritual, não quero dizer que tenham sido utilizadas correntes ou cordas convencionais, mas sim, amarras de amor, ou seja, cordas confeccionadas por fios da vibração e da energia do amor.

Na verdade, o espírito é preso por uma vibração que não faz parte da sua constituição naquele momento; a sua vibração, no momento, é de ódio e vingança. Quando entender que sua vingança é errada, o espírito se libertará naturalmente das amarras, não porque elas tenham sido retiradas, mas porque ao alcançar a vibração do amor e do perdão, as amarras se soltarão sozinhas; o amor e o perdão passarão a fazer parte da sua energia e as amarras deixarão de existir; elas se fundirão com sua própria energia, tornando-se uma só e libertando-o, por isso a única pessoa que poderá libertá-lo é ele mesmo, por meio de seu crescimento espiritual.

Os Sacramentos na Umbanda

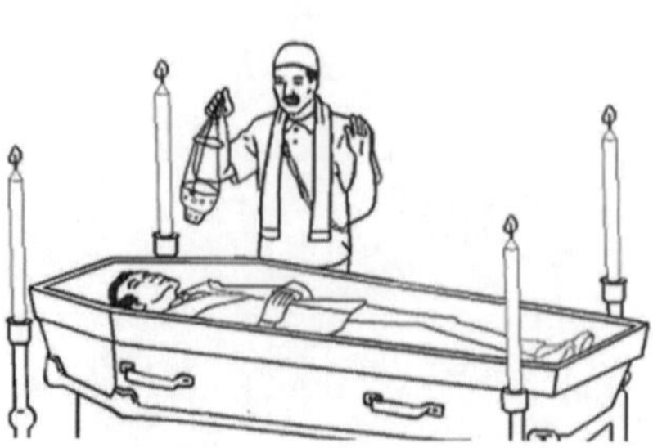

O Batismo na Umbanda

"João Batizou Cristo, Cristo Batizou João
Todos dois foram batizados,
Nas margens do rio Jordão".

Jesus instituiu o batismo logo no início da sua pregação, quando entrou no rio Jordão para ser batizado por São João Batista.

O batismo que João fazia não era um sacramento. Só quando Jesus santificou as águas do Rio Jordão, com sua presença, é que a voz do Pai Maior se faz ouvir:

"Este é meu Filho, bem amado, em quem pus minhas complacências", e com a aparição do Espírito Santo sob a forma de uma pomba, é que fica instituído o batismo. Assim se deu a primeira aparição da Santíssima Trindade.

Essa instituição será confirmada por Jesus quando Ele diz a seus Apóstolos: "Ide e ensinai a todas as nações, batizando-as em nome do Pai, do Filho e do Espírito Santo." (*Evangelho de Mateus 3-13.*)

O batismo é o sacramento por onde se pretende escolher a fé que o conduzirá ao Pai, é neste ritual que fazemos a opção pelo bem, é no ato batismal que se reconhece a aceitação da religião umbandista como sua condutora nos caminhos divinos. A aceitação definitiva, a opção e a integração religiosa abrirão as portas para as obrigações e iniciações, que se seguem a partir desse momento.

O batismo não tem uma relação de obrigatoriedade ou de compromisso irreversível, face seu caráter religioso; contudo, recebe o iniciante e iniciado naquele ato a bênção dos Orixás e dos Mentores de Luz do contexto espiritual umbandista que lhe abrirão as portas da evolução no caminho de nossa fé. É o florescimento e a coroação do umbandista como prova de sua religiosidade e dedicação.

Durante a preparação que antecede o ato do batismo, deve aquele que será batizado escolher um casal para serem seus padrinhos carnais e uma entidade feminina e uma masculina para serem seus padrinhos espirituais que o conduzirão e protegerão durante toda a sua existência, e toda vez que eles estiverem em terra, o batizando deve se dirigir até seus padrinhos espirituais pedindo-lhes a bênção e proteção.

Assim, trata-se da primeira obrigação, um passo à frente e um degrau a mais na religião.

O médium é batizado pelo sacerdote ou por seu Guia. Após o término do ritual do batismo, a vela batismal é entregue ao batizando para que seja levada para casa e guardada. Essa vela é símbolo de luz divina e deve ser acesa quando necessário. Quando o batizando estiver passando por um problema, seja ele de ordem material ou espiritual, ele deve acendê-la fazer o pedido de ajuda e posteriormente apagá-la, sem assoprar, apagar com os dedos.

O Casamento

Muitos teólogos acreditam que o sacramento do casamento se deu com o comparecimento de Cristo e de sua mãe Maria às Bodas de Caná, da Galileia. Outros acreditam que foi quando aboliram a lei do repúdio.

O homem e a mulher se unem para formar uma sociedade: a família.

O casamento é a aliança do casal com o plano divino. É o comprometimento do casal com o Divino. É a escolha pelo amor, e o compromisso com a fidelidade e o respeito mútuos.

O casamento umbandista é reconhecido na lei civil e tem reconhecimento legal em qualquer Cartório Nacional, nos termos da lei.

Para a celebração do casamento o altar é utilizado como referência de força religiosa. Deve-se enfeitar todo o local com rosas brancas e flores do agrado dos noivos; normalmente são utilizadas flores brancas misturadas com as flores dos Orixás de cabeça dos noivos. Deve-se colocar uma fita branca nos pés de Oxalá, simbolizando fé, bênção, misericórdia, proteção, amparo e paz, e uma fita amarela nos pés da Oxum simbolizando o amor que os une e a fartura. Colocar as alianças sobre um pires de porcelana branca; caso a pessoa queira enfeitar um pouco, pode colocar sobre o pires uma almofadinha branca e colocar as alianças sobre ela. No outro pires, coloca-se a vela branca oferecida a Oxalá. Os noivos podem vestir roupas brancas ou nas cores de seus Orixás de cabeça. O sacerdote deve usar a roupa que desejar, porém uma roupa especial. Os filhos da Casa formam um corredor, sendo os homens do lado direito e as mulheres do lado esquerdo, todos em pé. O noivo deverá ficar defronte do altar esperando a noiva.

Durante a cerimônia, há cantigas próprias da religião a serem cantadas por todos. Mas os noivos podem colocar músicas durante a entrada dos noivos, dos padrinhos, da troca de alianças e ao final. É comum a noiva entrar com a marcha nupcial, mas os noivos são livres para tocar o que quiserem.

Rituais Fúnebres

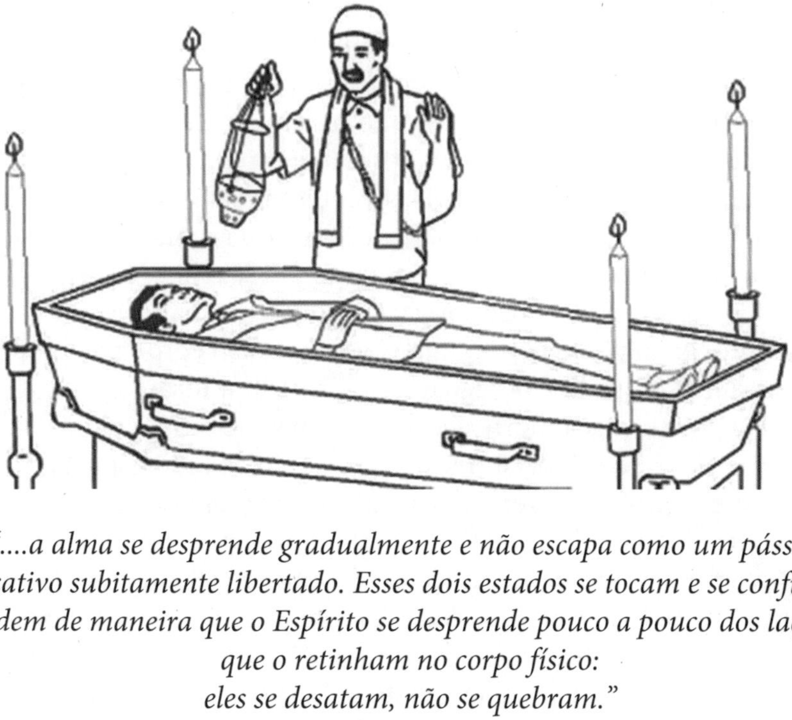

"....a alma se desprende gradualmente e não escapa como um pássaro cativo subitamente libertado. Esses dois estados se tocam e se confundem de maneira que o Espírito se desprende pouco a pouco dos laços que o retinham no corpo físico:
eles se desatam, não se quebram."
Allan Kardec

O homem religioso é aquele que acha que veio de algum lugar e que vai para algum lugar. É comum a todas as religiões que a morte seja um rito de passagem. Uma das formas que o Novo Testamento descreve a vitória de Jesus sobre a morte é relatada por Pedro 3: 18-19, que descreve como Jesus, durante os três dias que antecederam sua ressurreição, desceu ao Hades (lugar da morte) para conquistá-la. Quando Cristo ressuscitou ao terceiro dia, o poder que a morte tinha sobre o mundo foi permanentemente quebrado. Todas as pessoas que estabelecem um compromisso real com Jesus passam imediatamente da morte para a vida, e todas que obedecem às palavras de Deus terão a vida eterna.

A maneira mais comum de encerrar o ritual fúnebre é o enterro, mas também temos a cremação. Todas as crenças têm hábitos especiais de luto durante o ritual fúnebre, como o uso de roupas especiais, isolamento e não comer certos alimentos, rituais de purificação ou até mesmo o oferecimento de um banquete com as refeições preferidas do desencarnado com amigos e parentes.

No funeral umbandista o corpo, depois de lavado, é purificado com incenso de mirra e ervas perfumando o corpo e através da queima dessa mistura suas qualidades purificadores e imantadoras se expandem limpando todo o espírito do desencarnado, protegendo-o dos maus espíritos e preparando-o como para uma grande festa. O corpo deve ser circundado por velas, representando a luz para a vida eterna. Feito isso, o sacerdote da Casa deve desfazer os cruzamentos feitos com pemba e óleo sagrado, durante a vida religiosa da pessoa, para libertar seu espírito das obrigações adquiridas na carne. Amigos e parentes geralmente fazem uma vigília junto ao corpo para poderem assim se despedir e homenageá-lo da melhor forma.

Para o espírita, a morte não é o fim, mas a continuação da vida em uma nova realidade, é o seu regresso ao mundo espiritual. A morte consiste na passagem de uma dimensão vibratória mais densa para outra mais sutil. Quando for feita a opção pela cremação, Chico Xavier, por meio de informações de Emmanuel encontradas no capítulo 18 do livro *Chico Xavier: dos hippies aos problemas do mundo*, nos aconselha a esperar pelo menos 72 horas para a cremação, pois se acredita ser tempo suficiente para que haja o desligamento do espírito recém-desencarnado de seu corpo material, ressalvadas as exceções envolvendo suicidas ou pessoas muito presas aos vícios e aos interesses humanos.

Nos fornos crematórios de São Paulo, espera-se o prazo legal de 24 horas, porém, o regulamento permite que o cadáver permaneça em câmara frigorífica pelo tempo que a família desejar. Espíritas costumam pedir três dias.

A Umbanda presta homenagem ao desencarnado com vários tipos de preceitos. Um deles é a de encomendar a Deus a alma daquele que retorna ao mundo espiritual, e o amparo espiritual à sua família. Ele poderá ser enterrado com suas roupas brancas. Suas guias e os objetos ritualísticos de suas entidades devem ser levadas para o sacerdote da Casa onde trabalhava para que ele instrua o que fazer com seus pertences, normalmente são despachados em água corrente, mais comumente na cachoeira ou mar.

Amaci

Ritual de lavagem da cabeça do médium com ervas e outros elementos rituais, que consiste na preparação da vibração desse médium para incorporar o seu guia protetor de Umbanda. O amaci é feito com ervas frescas. As ervas devem ser maceradas, quinadas, por filhos da Casa que devem ser designados pelo sacerdote. Todos devem estar vestidos de branco, ajoelhados, de cabeça baixa (em sinal de respeito) e coberta por pano branco, utilizando cada um uma bacia, pois em cada bacia será macerado uma erva específica e, após todas estarem quinadas, é o sacerdote quem irá preparar os amacis de acordo com o Orixá de cada médium. O amaci tem a finalidade de aproximar as entidades de trabalho ao médium, é um preparo espiritual muito importante. pois procura harmonizar os fluidos da entidade com o do médium, fortalecendo assim sua coroa.

As ervas possuem inúmeras utilidades em um Templo, mas é preciso saber utilizá-las corretamente. Sempre que se for colher uma erva para utilização em banhos, chás, lavagens do solo sagrado, da camarinha ou quarto de santo, da tronqueira ou quarto de Exu, etc., deve-se sempre pedir licença à planta para que ela saiba que será utilizada para o bem; sendo assim, a planta cede aquelas folhas com axé bom e dá lugar para que novas folhas nasçam.

O momento de macerar as folhas dentro do Templo é de muito respeito, pois elas são sagradas. É com elas que o médium tomará o banho para se purificar, purificar suas guias e objetos a serem utilizados durante os trabalhos. O sumo extraído das folhas é tido como o fluido vital (sangue) das plantas, ou seja, é muito poderoso em toda sua essência.

Coroação

Quando um médium é coroado, quer dizer que já alcançou um bom nível de desenvolvimento e que está apto a exercer sua função mediúnica com mais confiança, o que é muito importante para o trabalho espiritual.

Normalmente a coroação é feita no próprio Templo, porém há Casas que preferem fazer nas matas. Inicia-se a preparação do médium que vai ser coroado, com instruções sobre a religião e suas responsabilidades, pois depois de coroado o médium passa a ter maior responsabilidade, já estará apto a ajudar em todos os trabalhos realizados na Casa (consultas, desobsessões, transportes, demandas, entre outros), e ajudar no desenvolvimento de médiuns mais novos na Casa. Depois o médium é levado para fazer a lavagem da cabeça na cachoeira, é trazido de volta para o terreiro, toma o banho de amaci, depois é feita uma "mesa" de oferendas para todos os seus Guias. Nessa cerimônia a entidade de frente do médium incorpora e confirma seu nome e risca seu ponto, não necessariamente pela primeira vez, pois ela pode já ter firmado seu ponto anteriormente, tudo sob o acompanhamento do sacerdote da Casa.

Ao término o ogã da Casa poderá entoar cantigas em homenagem à entidade ali presente, e num ato simbólico o sacerdote da Casa coloca uma coroa feita de ervas na cabeça do médium incorporado e todos os presentes o saúdam, pois nesse exato momento todas as entidades com as quais esse médium trabalha o envolverão formando no astral uma verdadeira coroa de luz. Algumas Casas costumam também confeccionar toalhas bordadas com o ponto da entidade de frente do coroado, porém nem a coroa de ervas, nem a toalha bordada são obrigatórias para a coroação, elas exercem apenas um papel simbólico e de identificação dos médiuns já coroados.

Os Orixás

Todos os Orixás são muito importantes. Cada um está relacionado com algum elemento da natureza; sendo assim, eles estão diretamente ligados a nós, estando sempre presentes em nossas vidas.

Falarei um pouco de cada Orixá individualmente, e de cada um relatarei uma pequena lenda, para que possam entender o que são, sendo que todos devem ter consciência de que quando falamos em Orixá (Òrìṣà), estamos nos referindo a Nação Ketu, da Nigéria, localizada no continente africano, onde praticam o Culto a Nação – Yorubá, hoje louvados também na Umbanda.

Na Nação Ketu, de Culto a Òrìṣà, todos os Orixás são divididos por características, ou seja, pelas qualidades. Na Umbanda não existe essa divisão para nenhum Orixá, cada um é único.

Os Orixás são as divindades naturais cultuadas pela Umbanda.

A seguir, apresento a descrição dos Orixás, ressalvando que há diferenças de culto e opiniões entre algumas Casas, como por exemplo em relação às cores que utilizam. Algumas usam azul-escuro para Oxum, outras amarelo, outras dourado, etc, a ideia é apenas harmonizar e mostrar a beleza, assim como a riqueza da religião umbandista.

Oxalá

A Coroa de rei, na cabeça de um menino,
Oxalá me abençoou, com as forcas do divino
Salve a Umbanda Sagrada
Salve todos Orixás
Por favor abre esta porta
Para eu poder entrar.

Lenda

Iemanjá, a filha de Olokum, foi escolhida por Olorum para ser a mãe dos Orixás. Como ela era muito bonita, todos a queriam para esposa; então, o pai foi perguntar a Orunmilá com quem ela deveria casar.

Orunmilá mandou que ele entregasse um cajado de madeira a cada pretendente; depois, eles deveriam passar a noite dormindo sobre uma pedra, segurando o cajado para que ninguém pudesse pegá-lo. Na manhã seguinte, o homem cujo cajado estivesse florido seria o escolhido por Orunmilá para marido de Iemanjá.

Os candidatos assim fizeram; no dia seguinte, o cajado de Oxalá (Oxalufã) estava coberto de flores brancas, e assim ele se tornou pai dos Orixás.

Oxalá – É o símbolo da pureza e do amor; Orixá da criação. Senhor Supremo que detém o poder de sugerir e realizar. Simboliza o começo de tudo, o nascimento, a vida e a morte. O grande Orixá, ou o rei de tudo o que é branco, ocupa a posição de o mais importante Orixá.

É o responsável pela criação do mundo e dos seres humanos.

- Suas **cores** são o branco e o prata.
- Sua **comida** é a canjica branca com mel.
- Representa a *fé*, a *pureza* e a *misericórdia*.
- **Saudação:** Ê Êpa Babá.
- **Dia da semana:** sexta-feira.
- **Instrumento:** cajado.
- **Pedras:** madrepérola e marfim.
- **Metais:** chumbo e prata.
- **Data festiva:** 25 de dezembro.
- **Flor:** lírio-branco.
- **Guia:** contas brancas de louça, com firma branca.
- **Erva**: Boldo-do-chile, também conhecido como tapete-de-oxalá; manjericão branco, erva-cidreira, alecrim, saião, malva branca.

– **Instrumento Sagrado**: opachorô, cetro de metal branco com os símbolos da criação.

- **Sincretismo**: Jesus Cristo.
- **Local de representação:** aos pés de árvores frondosas.
- **Regência:** Amor e fé.

1 – Vamos colorir o local para entregas e oferendas para Oxalá. Aproveite e desenhe sua entrega para esse Orixá.

2 – Faça um círculo em volta da figura que simboliza o sincretismo de Oxalá na Umbanda.

3 – Vamos ajudar as crianças chegarem até Oxalá?

4 – Ligue os pontos:

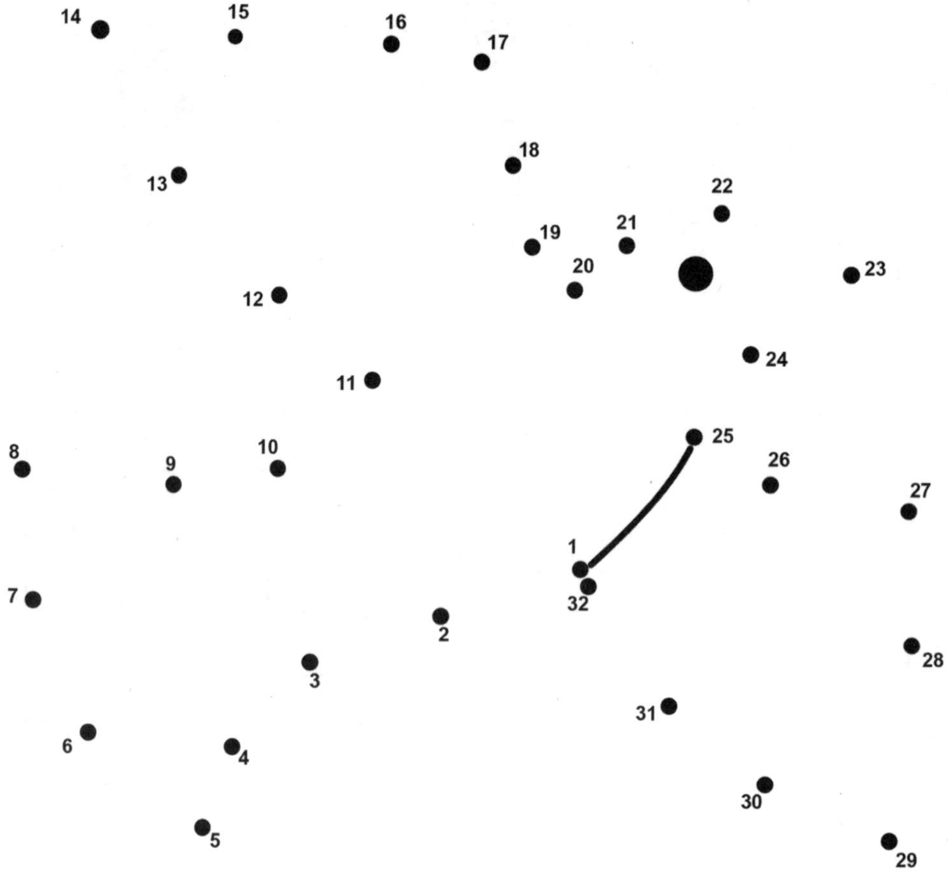

Ogum

Eu tenho sete espadas pra me defender} bis
Eu tenho Ogum na minha companhia
Ogum é meu Pai, Ogum é meu Guia,
Ogum vai rondar, na fé de Zâmbi e da Virgem Maria.

Lenda

Conta a lenda que Oiá era companheira de Ogum antes de se tornar a mulher de Xangô. Ela ajudava Ogum, Rei dos Ferreiros, no seu trabalho. Carregava docemente seus instrumentos da casa à oficina e manejava o fole para ativar o fogo da forja. Um dia Ogum ofereceu a Oiá uma vara de ferro, semelhante a uma de sua propriedade, que tinha o dom de dividir em sete partes os homens e em nove as mulheres que por ela fossem tocadas no decorrer de uma briga. Xangô gostava de sentar-se próximo à forja para apreciar Ogum bater e modelar o ferro e, frequentemente, lançava olhares a Oiá. Esta, por seu lado, também o olhava furtivamente.

Segundo um contador de histórias, Xangô era muito elegante. Seus cabelos eram trançados como os de uma mulher. Sua imponência e seu poder impressionaram Oiá. Aconteceu, então, o que era de se esperar: ela fugiu com ele. Ogum lançou-se à sua perseguição. Ao encontrar os fugitivos, bradou sua vara mágica e Oiá fez o mesmo, eles se tocaram ao mesmo tempo. E assim Ogum foi dividido em sete partes e Oiá em nove. Ele recebeu o nome de Ògún-Mége-Iré e ela Ìyá Mésàn.

Ogum – Representa a *Lei* e a *Ordem*. Senhor absoluto da guerra, atua entre a razão e a emoção. Todo Ogum é um *guerreiro*, agindo sempre com rigidez e firmeza. Dizemos que Ogum são os atentos olhos da Lei, sempre vigilante e pronto para agir. É o Orixá do calor, da força e da energia. Deus das guerras e vencedor de demandas, ele é o Senhor das encruzilhadas, aquele que abre todos os caminhos e protege as pessoas em locais perigosos. É considerado pelos yorubás como o temível guerreiro que luta sem cansar. A imagem que temos dele é a de um guerreiro imbatível e incansável, que segue na frente de todos, abrindo os caminhos para que todos possam passar. É considerado o padrinho da Umbanda, protetor dos ferreiros e de todos aqueles que trabalham com ferro.

Cores: branco, vermelho e prata.
Comida: feijoada e inhame.
Bebida: cerveja branca.
Erva: colonia, espada-de-são-jorge, lança de ogum, aroeira, arruda, folha de palmeira, vassourinha, abobrinha do mato.
Flor: cravo vermelho.
Metal: ferro.
Pedra: rubi.
Dia da semana: terça-feira.
Sincretismo: São Jorge.
Data festiva: 23 de abril.
Instrumento sagrado: espada, escudo, lança e capacete.
Saudação: "Ogunhê!".
Local de representação: trilho de trem e estradas em partes retas onde não se vejam curvas.
Regência: lei e ordem.

1 – Vamos colorir os instrumentos de Ogum:

2 – Ligue os pontos e encontre Ogum:

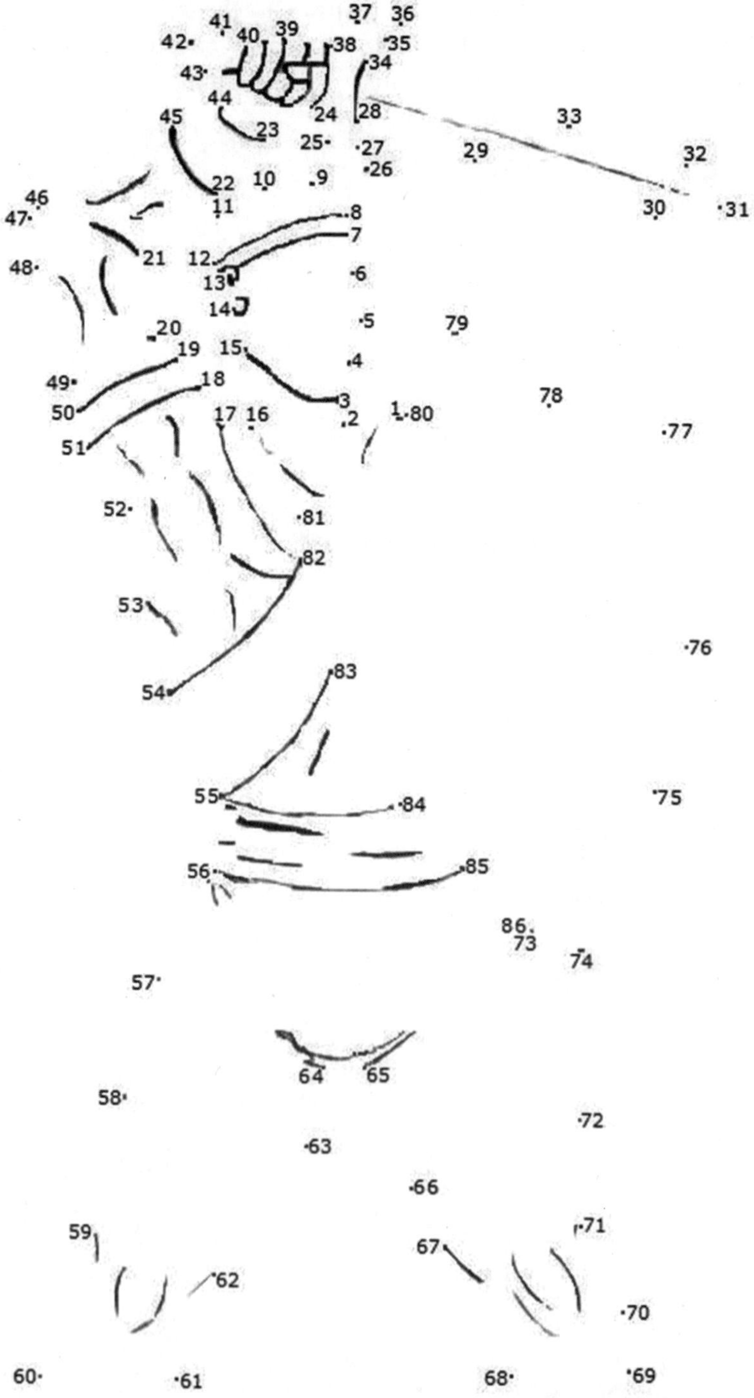

3 –Vamos colorir São Jorge, que é o santo que simboliza Ogum na Umbanda:

Iemanjá

Saia do mar, linda sereia,
Saia do mar e venha brincar na areia,
Saia do mar, sereia bela,
Saia do mar e venha brincar com ela.

Lenda

Uma das lendas diz que Iemanjá foi "casada pela primeira vez com Orunmilá, senhor das adivinhações, depois com Olofin, rei de Ifé". Cansada de sua permanência em Ifé, fugiu em direção ao oeste.

Outrora, Olokun lhe havia dado, por medida de precaução, uma garrafa contendo um preparo, pois não se sabia o que poderia acontecer amanhã, com a recomendação de quebrá-la no chão em caso de extremo perigo. Assim Iemanjá foi instalar-se no entardecer da terra oeste. Olofin, Rei de Ifé, lançou seu exército à procura de sua mulher. Cercada, Iemanjá ao invés de se deixar prender e ser conduzida de volta a Ifé, quebrou a garrafa, segundo as instruções recebidas. Então, criou-se o rio na mesma hora levando-a para Okun (o oceano), lugar de residência de Olokun, seu pai.

Yemanjá – Representa a própria mãe, é o Orixá que dá amparo à maternidade.

Ela está associada à família, à grande mãe.

Aqui no Brasil, é o Orixá mais cultuado, pois temos uma imensa extensão litorânea, e os pescadores e os moradores locais a cultuam pedindo sempre sua proteção, fazendo-lhe lindas oferendas que lhe são entregues no mar.

É considerada a madrinha da Umbanda e também a mãe dos Orixás. É maternal, delicada, protetora, uma "super-mãe"; também protege de confusões e ajuda na harmonia familiar, pois trabalha em favor do amor e da família.

É o Orixá das águas salgadas, senhora absoluta dos mares e oceanos.

Cores: branco transparente, azul-claro e prata.
Comida: manjar branco.

Erva: alfazema, folha de laranjeira, pariparoba, folhas e flores de rosas brancas, anis, flor da noite, picão da praia, orquídea, colônia.
Flores: rosa branca e laranjeira.
Perfume: alfazema.
Metal: prata e platina.
Pedra: água marinha.
Dia da semana: sábado.
Data festiva: 2 de fevereiro/15 de agosto/8 de dezembro.
Sincretismo: Nossa Senhora da Glória e Nossa Senhora dos Navegantes.
Instrumento sagrado: leque de metal branco em forma de peixe.
Saudação: Odô Iya Iemanjá!
Local de representação: mar.
Regência: maternidade.

Exercícios

Iara, também conhecida como a "mãe das águas", é uma personagem do folclore brasileiro. De acordo com a lenda, de origem indígena, Iara é uma linda sereia, corpo de mulher da cintura para cima e de peixe da cintura para baixo, morena de cabelos negros e olhos castanhos.

A lenda conta que a linda sereia costuma viver nos rios do norte do país. Passa grande parte do tempo admirando sua beleza no reflexo das águas, brincando com os peixes e penteando seus cabelos com um pente de ouro. Nas pedras das encostas, costuma atrair os homens com seu belo e irresistível canto, que ecoa pelas águas e florestas da região. As vítimas costumam seguir Iara até o fundo dos rios, local de onde nunca mais voltam. Os poucos que conseguem voltar acabam ficando loucos em função dos encantamentos da sereia.

A palavra Iara é de origem indígena. Iara significa "aquela que mora na água".

De acordo com algumas versões da lenda, quando está fora das águas, Iara se transforma em uma linda mulher, mas perde seus poderes fora da água.

A "rainha das águas", como também é conhecida Iara, possui o poder de enfeitiçar os homens que olham diretamente em seus olhos.

1 – Vamos levar Iemanjá até o seu instrumento sagrado:

2 – Você é capaz de encontrar as cinco coisas que não pertencem ao reino de nossa querida mamãe Iemanjá?

Faça um círculo em volta delas.

3 – Vamos colorir mamãe Iemanjá que está na página 144, desenhando uma bela estampa em seu vestido novo e um belo colar.

4 – Fale um pouco sobre Iemanjá. Onde ela mora? Quem é ela?

5 – Ligue os pontos:

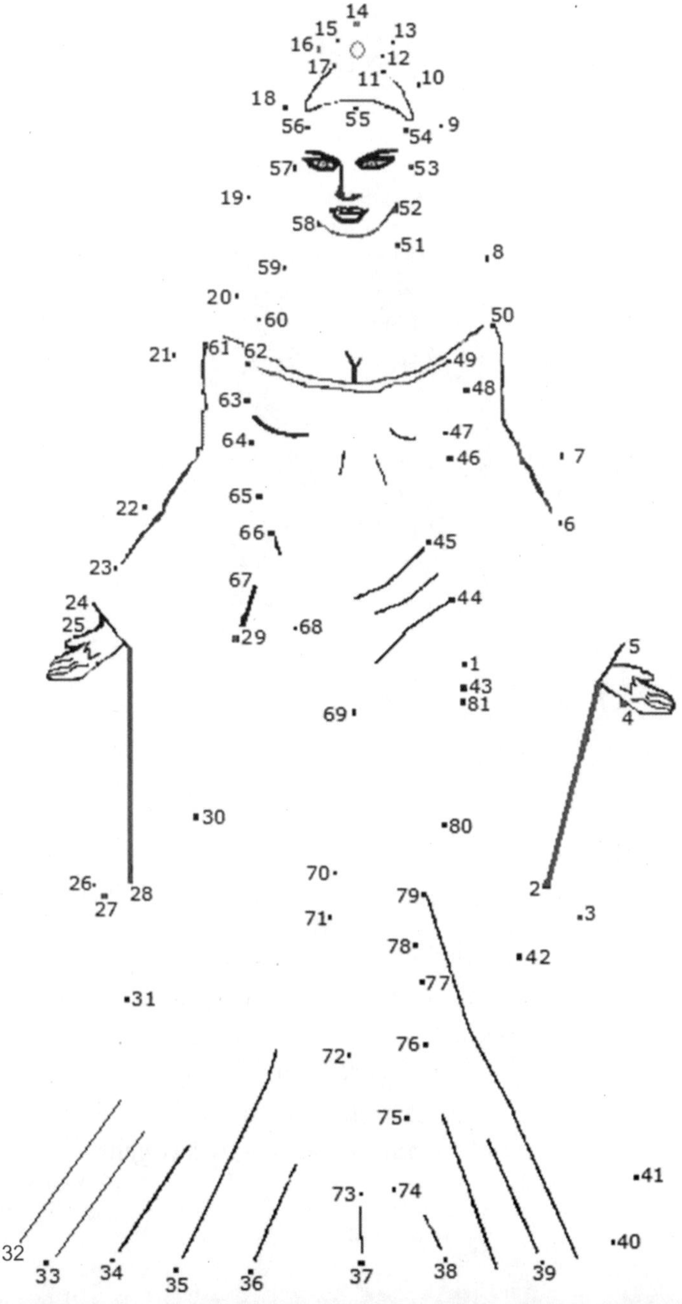

Oxum

Eu vi mamãe Oxum das cachoeiras
Sentada na beira de um rio
Colhendo lírio, lírio ê
Colhendo lírio, lírio á
Colhendo lírio para enfeitar nosso congá!

Lenda

Diz a lenda que quando os Orixás chegaram à terra, organizaram reuniões nas quais mulheres não eram admitidas.

Oxum ficou aborrecida por ter sido posta de lado, por não poder participar de todas as decisões.

Para se vingar, tornou as mulheres estéreis e impediu que as atividades desenvolvidas pelos deuses chegassem a resultados favoráveis.

Desesperados, os Orixás dirigiram-se a Olodumaré e explicaram-lhe que as coisas iam mal sobre a terra, apesar das decisões que tomavam em suas assembleias. Olodumaré explicou-lhes então que, sem a presença de Oxum e seu poder sobre a fecundidade, nenhum de seus empreendimentos poderia dar certo.

De volta à terra, os Orixás convidaram Oxum para participar de seus trabalhos, o que ela acabou aceitando, depois de muito lhe rogarem.

Em seguida, as mulheres tornaram-se fecundas e todos os projetos obtiveram felizes resultados.

Oxum – Representa o *amor*, a *fertilidade* e a *riqueza* (mãe do ouro).

Deusa das águas doces, dos rios e cachoeiras, pertence à linha das águas, é meiga e dócil. É considerada a deusa da fecundidade.

Suas moradias são a cachoeira e as águas doces.

Cores: amarelo, dourado, algumas casas utilizam o azul-marinho, pois representa o manto de Nossa Senhora Aparecida.

Comida: feijão fradinho (Omolokum), ovos cozidos e mingau de fubá com mel (Adum).

Erva: malva branca, amor-perfeito, angélica, dinheiro-em-penca, louro, folha-da-fortuna.

Flores: rosas amarelas, angélica e amor-perfeito.

Metal: ouro amarelo.

Pedra: safira.

Dia da semana: sábado.

Data festiva: 2 de fevereiro e 8 de dezembro.

Sincretismo: Nossa Senhora da Conceição e Nossa Senhora Aparecida.
Instrumento sagrado: leque com espelho e o coração.
Saudação: Ora yê yê Ô.
Local de representação: cachoeiras.
Regência: fertilidade.

1 – Ligue os pontos e descubra um dos símbolos de mamãe Oxum:

2 – Vamos colorir o ponto de força da mamãe Oxum:

3 – Vamos ajudar mamãe Oxum a encontrar seu espelho:

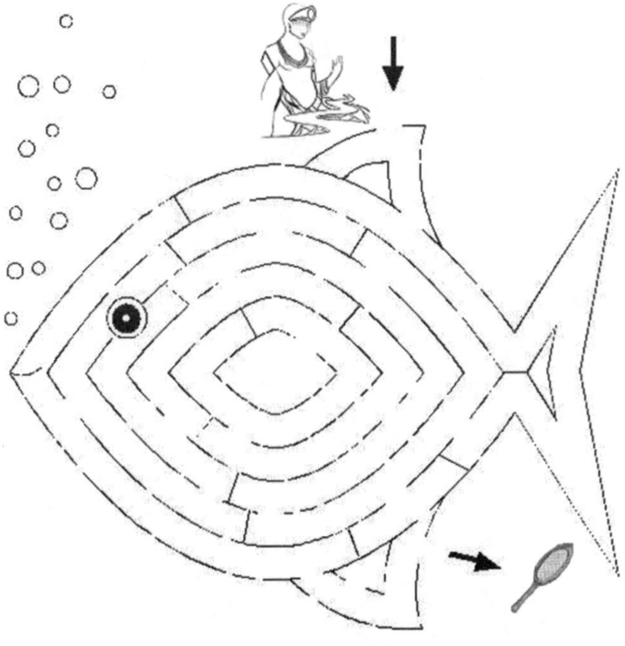

4 – Fale um pouco sobre mamãe Oxum. Onde ela mora? Quem é Ela? Qual a diferença entre Iemanjá e Mamãe Oxum?

5 – Ligue os pontos:

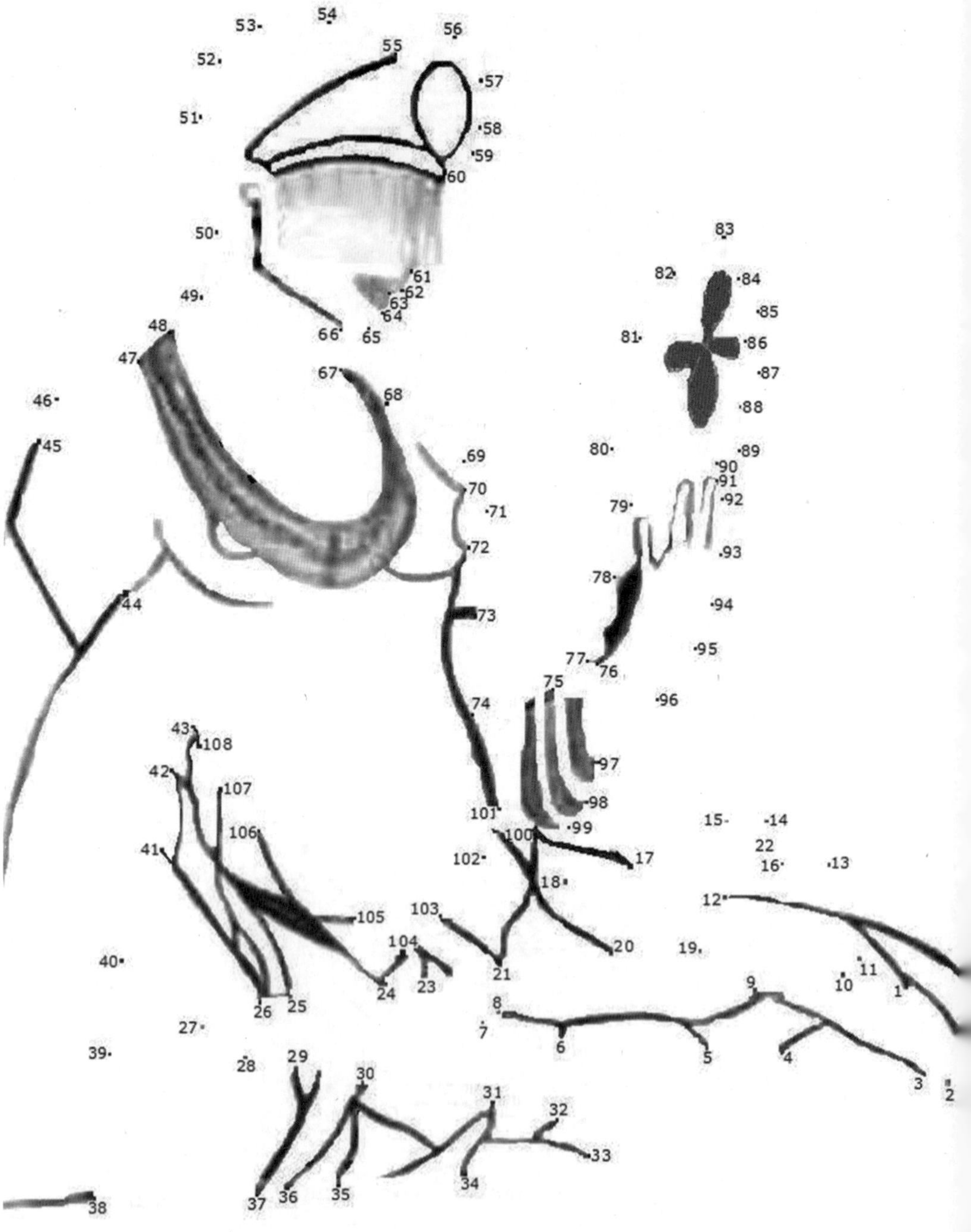

Oxóssi

A mata virgem estava escura,
Um anjo iluminou,
Do alto da mata virgem,
Senhor Oxóssi aqui chegou.
Mas Ele é um rei, Ele é um rei, Ele é um rei,
Mas Ele é um rei. na Umbanda. Ele é um rei.

Lenda

Em tempos distantes, Odùdùwa, Rei de Ifé, diante do seu palácio real, chefiava o seu povo na festa da colheita dos inhames.

Naquele ano a colheita havia sido farta, e todos, em homenagem, deram uma grande festa comemorando o acontecido, comendo inhame e bebendo vinho de palma em grande fartura. De repente, um grande pássaro pousou sobre o palácio, lançando os seus gritos malignos e farpas de fogo, com intenção de destruir tudo que por ali existia, pelo fato de não terem oferecido uma parte da colheita às feiticeiras Ìyamì Òsóróngà.

Todos se encheram de pavor, prevendo desgraças e catástrofes. O rei então mandou buscar Osotadotá, o caçador das 50 flechas, em Ilarê, que, arrogante e cheio de si, errou todas as suas investidas, desperdiçando suas 50 flechas.

Chamou desta vez, das terras de Moré, Osotogi, com suas 40 flechas. Embriagado, o guerreiro também desperdiçou todas as suas investidas contra o grande pássaro.

Ainda foi convidado para grande façanha de matar o pássaro, das distantes terras de Idô, Osotogum, o guardião das 20 flechas. Fanfarrão, apesar da sua grande fama e destreza, atirou em vão 20 flechas contra o pássaro encantado e nada aconteceu.

Por fim, todos já sem esperança, resolveram convocar da cidade de Ireman, Òsotokànsosó, caçador de apenas uma flecha. Sua mãe sabia que as èlèye viviam em cólera, e nada poderia ser feito para apaziguar sua fúria a não ser uma oferenda, uma vez que três dos melhores caçadores falharam em suas tentativas. Ela foi consultar Ifá para Òsotokànsosó.

Os Babalaôs disseram para ela preparar oferendas com ekùjébú (grão muito duro), também um frango òpìpì (frango com as plumas crespas), èkó (massa de milho envolta em folhas de bananeira) e seis kauris (búzios). A mãe de Òsotokànsosó fez então assim. Pediram ainda que colocasse a oferenda sobre o peito de um pássaro sacrificado em intenção e que oferecesse em uma estrada, e durante a oferenda recitasse o seguinte: "Que o peito da ave receba esta oferenda". Nesse exato momento, o seu filho disparava sua única flecha em direção ao pássaro; este abriu sua guarda recebendo a oferenda ofertada pela mãe do caçador, recebendo também a flecha certeira e mortal de Òsotokànsosó.

Todos após tal ato, começaram a dançar e gritar de alegria: "Oxóssi! Oxóssi!" (caçador do povo). Daí o epíteto "o caçador de uma flecha só", pois atinge o seu alvo no primeiro e único disparo, tamanha a precisão.

A partir desse dia todos conheceram o maior guerreiro de todas as terras; foi reverenciado com honras e carrega seu título até hoje: Oxóssi.

Oxóssi – O nome Oxóssi vem do Iorubá *oóòsi* ou *òsò wúsí*, que significa "caçador ou guardião popular". Oxóssi é título de Odé (Ode̲ é um Orixá da Nação Ketu e significa "caçador" em Yorubá).

Depois de aprender a lidar com as magias das folhas, dos animais e da natureza e também ter descoberto os segredos das Iyámi – Òs̲óòróngá – e após ter matado um dos pássaros das Eleyés e ter livrado o povo de Ketu do feitiço, Oxóssi também foi considerado um "feiticeiro".

Representa o *conhecimento*, a *fartura*, a *agilidade*. É o Orixá das matas virgens e fechadas, guardião das matas e das florestas, o provedor. Irmão de Ogum. Por ficar grande parte de seu tempo dentro das matas, passou a conhecer as ervas medicinais e aprendeu a utilizá-las para combater os males que afligiam seu povo.

O veado é o animal que simboliza o Orixá Oxóssi, por ser um animal ágil e veloz, por isso suas patas são utilizadas em rituais realizados para este Orixá.

Cor: verde ou azul-clara.
Comida: milho verde em espiga ou seco a granel, eucalipto, girassol, e frutas sem espinhos de todas as espécies.
Erva: guiné, erva-doce, camomila, carnaúba, samambaia, carqueja, saião, alecrim-do-mato, urucun, pitanga, folhas de todas as árvores frutíferas.
Flor: flores-do-campo e eucalípto
Metal: latão branco
Dia da semana: quinta-feira

Data festiva: 20 de janeiro.
Sincretismo: São Sebastião ou São Jorge, dependendo da região.
Instrumento sagrado: arco e a flecha (ofá).
Saudação: Okê arô Oxóssi!
Local de representação: matas virgens e fechadas.
Regência: Provedor.

Exercícios:

1 – Quais são as principais características do Orixá Oxóssi?

2 – Por que o veado é símbolo de Oxóssi?

3 – Vamos colorir?

4 – Como Oxóssi se tornou Rei de Keto?

5 – Qual é o instrumento de Oxóssi?

6 – Fale um pouco sobre Oxóssi. Onde ele mora? Quem é ele?

7 – Ajude Oxóssi achar seu instrumento sagrado:

8 – Que tal desenharmos uma bela oferenda para o Orixá Oxóssi?

9 – Ligue os pontos:

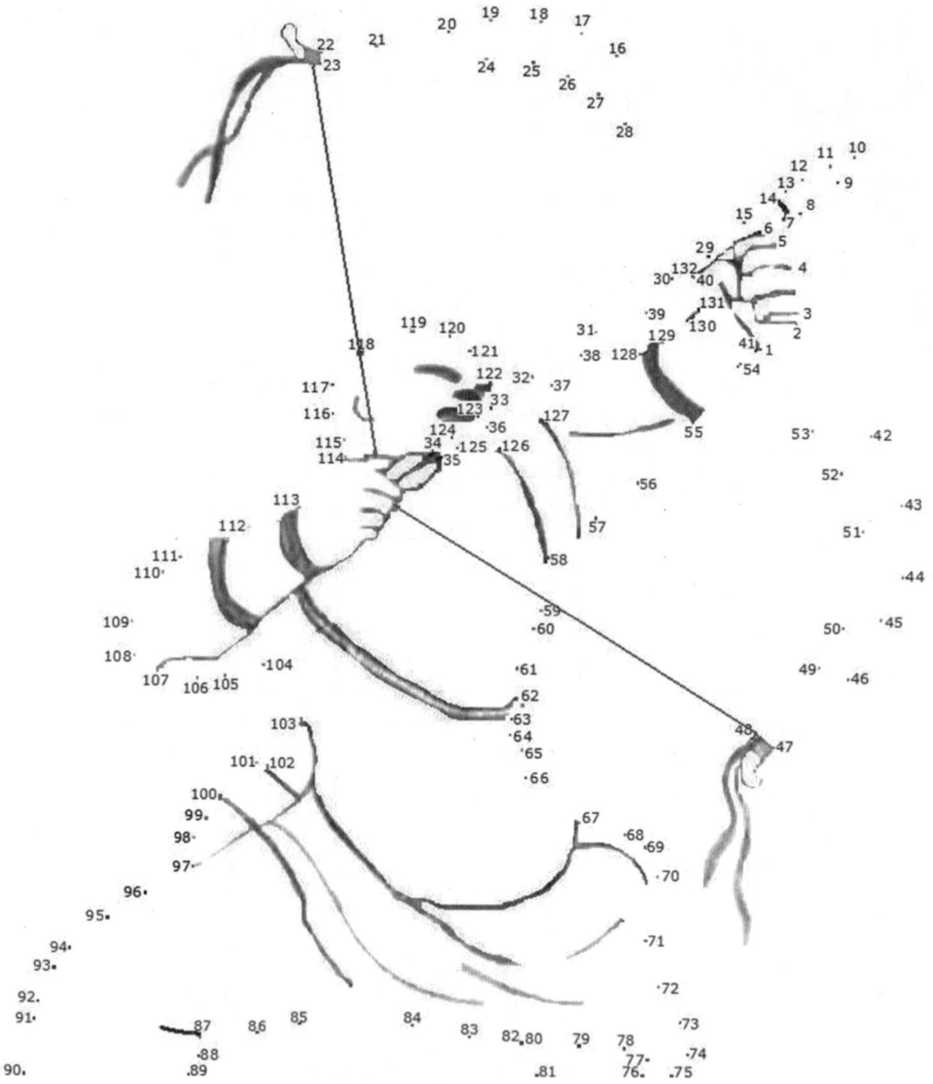

Xangô

Ele bradou na aldeia, bradou na cachoeira, em noite de luar
Do alto da pedreira, vai fazer Justiça pra nos ajudar
Ele bradou na aldeia, kao, kao
E aqui vai bradar, kao, kao
Ele é Xango das pedreiras
Ele nasceu na cachoeira, lá no Juremá.

Lendas

Xangô Airá, aquele que se veste de branco, foi um dia às terras do velho Oxalá para levá-lo à festa que faziam em sua cidade. Oxalá era velho e lento, por isso Airá o levava nas costas. Quando se aproximavam do destino, avistam a grande pedreira de Xangô, bem perto de seu grande palácio. Xangô levou Oxalufã ao cume, para dali mostrar ao velho amigo todo o seu império e poderio. E foi lá de cima que Xangô avistou uma belíssima mulher mexendo sua panela.

Era Oiá! Era o amalá do rei que ela preparava! Xangô não resistiu à tamanha tentação. Oiá e amalá! Era demais para a sua gulodice, depois de tanto tempo pela estrada. Xangô perdeu a cabeça e disparou caminho abaixo, largando Oxalufã em meio às pedras, rolando na poeira, caindo pelas valas.

Oxalufã se enfureceu com tamanho desrespeito e mandou muitos castigos, que atingiram diretamente o povo de Xangô.

Xangô, muito arrependido, mandou todo o povo trazer água fresca e panos limpos. Ordenou que banhassem e vestissem Oxalá. Oxalufã aceitou todas as desculpas e apreciou o banquete de caracóis e inhames, que por dias o povo lhe ofereceu. Mas Oxalá impôs um castigo eterno a Xangô. Ele, que tanto gosta de fartar-se de boa comida.

Nunca mais Xangô pôde comer em prato de louça ou porcelana. Nunca mais pôde Xangô comer em alguidar de cerâmica. Xangô só pode comer em gamela de pau, como comem os bichos da casa e o gado e como comem os escravos.

Xangô – Representa a *justiça*. Usa a razão, despertando o senso de *equilíbrio*, protetor dos juízes, advogados, burocratas. É o dono do trovão, na mitologia nórdica é comparado ao Deus Thor. Xangô carrega o Livro Sagrado (as escrituras) e tem sempre ao seu lado um feroz leão. Seu local de representação: as pedreiras.

Cor: marrom.
Comida: quiabos (Amalá).
Bebida: cerveja preta.
Erva: Manjericão, picão, folha de jatobá, erva-de-bugre, quebra-pedra, cana, mangue vermelho, casca doce.

Flor: palmas.
Metal: cobre.
Pedra: topázio e citrino.
Data festiva: 30 de setembro e 24 de junho.
Dia da semana: quarta-feira.
Sincretismo: São Jerônimo e São João Batista.
Instrumento sagrado: machado de dois cortes e a coroa, pois é rei.
Saudação: Kaô cabecile!
Local de representação: pedreiras.

Ligue os pontos:

Obaluaiê

Seu Obaluaiê é um velhinho,
É um velhinho muito exigente,
Acorda quem está dormindo,
Levanta quem está doente.

Lenda

Obaluaiê era muito mulherengo e não obedecia a nenhum mandamento que fosse. Em uma data importante, Orunmilá advertiu-o que não namorasse naquele dia, o que ele não cumpriu. Naquele mesmo dia fez amor com uma de suas mulheres.

Na manhã seguinte, despertou com o corpo coberto de chagas. Suas mulheres pediram a Orunmilá que intercedesse junto a Olodumare, mas este não perdoou Obaluaiê, que morreu em seguida.

Orunmilá, usando o mel de Oxum, despejou-o por sobre todo o palácio de Olodumare. Este, deliciado, perguntou a Orunmilá quem havia despejado em sua casa tal iguaria. Orunmilá disse-lhe que havia sido uma mulher. Todas as divindades femininas foram chamadas, mas faltava Oxum, que confirmou, ao chegar, que era seu aquele mel. Olodumare pediu-lhe mais, ao que Oxum lhe fez uma proposta.

Oxum daria a ele todo o mel que quisesse, desde que ressuscitasse Obaluaiê. Olodumare aceitou a condição de Oxum, e Obaluaiê saiu da terra vivo e são.

Obaluayê – Representa a morte ou o *desencarne* (instante da passagem do plano material para o plano espiritual), senhor das *doenças* contagiosas e pestes no geral e também senhor das curas. Está relacionado com a terra, com os troncos e ramos de árvores, por isso é chamado de "Dono e Senhor da Terra", o médico dos pobres, o senhor dos cemitérios. Seu símbolo é o brajá de búzios.

Cores: preto, branco e vermelho.
Comida: milho de pipoca estourados na areia da praia.
Erva: arnica, carnaúba, cipós de todos os tipos, cana-do--brejo, salsa, guiné, quaresmeira, chapéu-de-couro, pariparoba, picão.
Flor: quaresmeira.
Representação: palha e búzios.
Dia da semana: segunda-feira.
Data festiva: 11 de fevereiro e 16 de agosto.
Sincretismo: São Lázaro ou São Roque.

Instrumento sagrado: xaxará (chocalho de palha com búzios).
Saudação: Atotô Obaluaiê.
Local de representação: cemitério.
Regência: saúde.

Exercícios

1 – O que podemos oferendar para Obaluaiê?

2 – Quando alguém está doente, podemos pedir e rezar para Obaluaiê? Por quê?

3 – Como e por que Obaluaiê é chamado?

4 – Onde é o local de entrega de oferendas para Obaluaiê?

5 – Qual é o símbolo de Obaluaiê?

6 – Por que a roupa de Obaluaiê é toda de palha?

7 – Ligue os pontos:

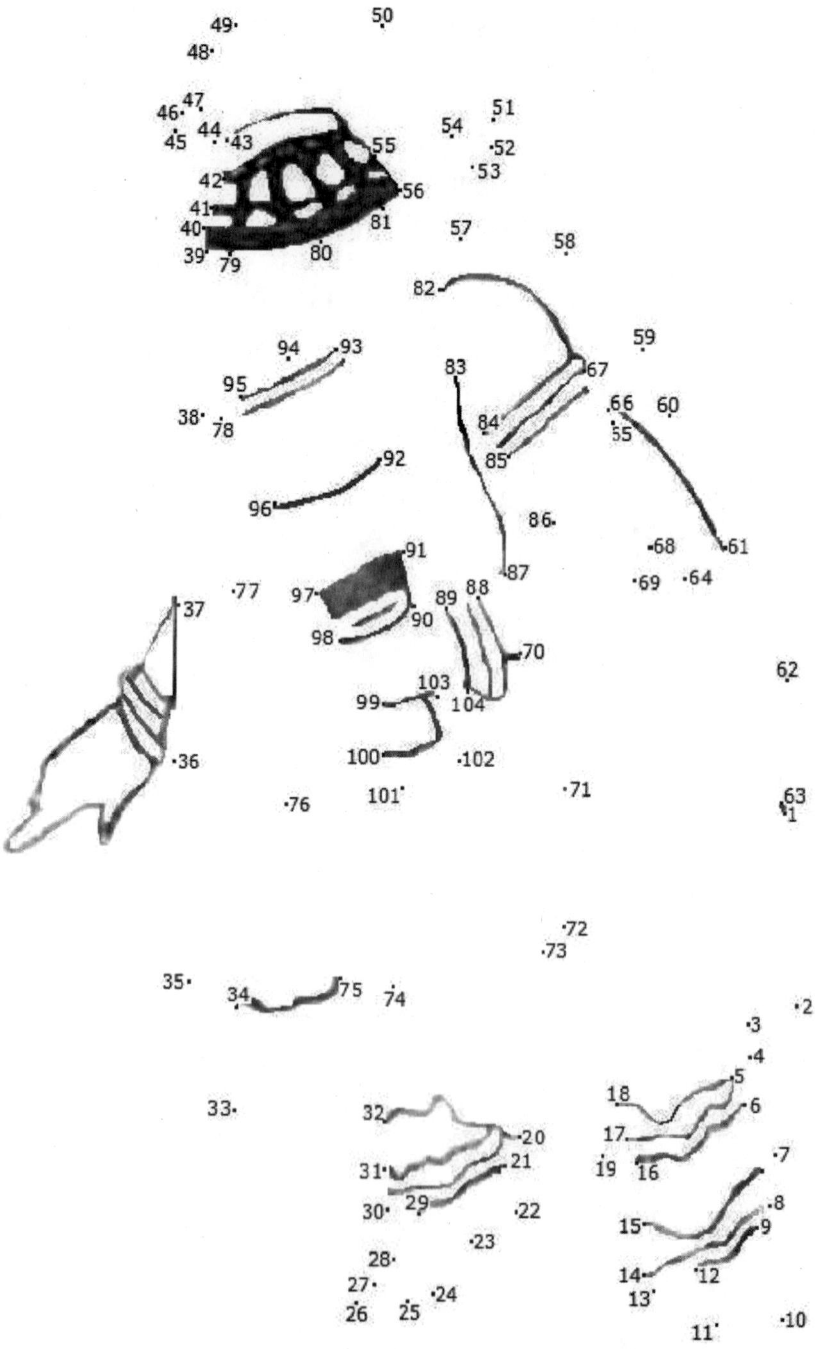

Iansã

Senhora do Amanhecer

Autoria: Bete Vitiello

No amanhecer é que esta estrela brilha, No amanhecer
é que ela se ilumina.
Iansã, senhora do amanhecer, Tua espada brilha, pra nos proteger.
É Oiá, Iansã que nos conduz,
É Oiá, Iansã com sua luz,
Ao rodopiar faz o vento, Que a chuva traz, Pra lavar a terra, Semear
a paz!
É Oiá, Iansã que nos conduz,
É Oiá, Iansã com sua luz,
É santa, é guerreira, Se preciso for, Pra acabar com a guerra,
E espantar a dor!
É Oiá, Iansã que nos conduz,
É Oiá, Iansã com sua luz,

Lenda

Conta umas das lendas que Iansã foi a primeira esposa de Xangô e que, por ordem dele, ela teria ido a um reino vizinho buscar três cabaças que estavam com Obaluaiê.

Foi dito a ela que não abrisse essas cabaças, as quais ela deveria trazer de volta a Xangô. Iansã foi, e lá Obaluaiê recomendou mais uma vez que não deixasse as cabaças caírem e quebrarem, e se isto acontecesse, que ela não olhasse e fosse embora. Iansã ia muito apressada e não aguentava mais segurar o segredo. Um pouco mais à frente quebrou a primeira cabaça, desrespeitando a vontade de Obaluaiê. Saíram de dentro da cabaça os ventos que a levou para o céu. Quando terminaram os ventos, Iansã voltou e quebrou a segunda cabaça. Da segunda cabaça saíram os Eguns. Ela se assustou e gritou: "Heyi!" Na vez da terceira cabaça, Xangô chegou e a pegou para si, que era a cabaça do fogo, dos raios.

Ela tinha um temperamento ardente e impetuoso. Foi a única entre as mulheres de Xangô que, no fim do seu reinado, o seguiu em sua fuga para Tapá. Quando ele se recolheu para baixo da terra em Cosso, ela fez o mesmo em Yiá.

Iansã – Deusa dos ventos e das tempestades, senhora dos raios e relâmpagos, ela é temperamental. Deusa da beleza, autoritária e guerreira, Iansã sabe fazer prevalecer a sua vontade, sabe defender o que é seu e sabe demonstrar todo o seu grande amor e alegria, nunca abandonando seus filhos. Está relacionada com tudo o que é belo e poderoso.

Cores: vermelho e amarelo.
Comida: acarajé.
Erva: espada-de-iansã, anis, manjericão, erva-de-santa-maria, dormideira, poejo, hera terrestre, guaco.
Flor: rosa amarela.
Metal: cobre.
Pedra: topázio amarelo ou granada.
Dia da semana: sábado.
Data festiva: 4 de dezembro.
Sincretismo: Santa Bárbara.
Atuação: ventos e tempestade.
Instrumento sagrado: espada em forma de ráio.
Saudação: Eparrei (Epa Heyi).

Exercícios:

1 – Iansã também é conhecida como ______________________

2 – Qual é sua comida preferida?

3 – Que flor podemos oferendar para Iansã?

4 – Vamos colorir Iansã:

Ibeji

Cosme e Damião,
Damião cadê Doum,
Doum foi passear,
No cavalo de Ogum.

Lenda

Existia em um reino dois pequenos príncipes gêmeos que traziam sorte a todos. Os problemas mais difíceis eram resolvidos por eles; em troca pediam doces, balas e brinquedos. Esses meninos faziam muitas traquinagens e um dia, brincando próximo a uma cachoeira, um deles caiu no rio e morreu afogado.

Todos do reino ficaram muito tristes pela morte do príncipe. O gêmeo que sobreviveu não tinha mais vontade de comer e vivia chorando de saudades do seu irmão, pedia sempre a Orunmilá que o levasse para perto do irmão.

Sensibilizado pelo pedido, Orunmilá resolveu levá-lo para se encontrar com o irmão no céu, deixando na terra duas imagens de barro.

Desde então, todos que precisam de ajuda deixam oferendas aos pés dessas imagens para ter seus pedidos atendidos.

Ibeji (Cosme) – Esta linha é regida por São Cosme e São Damião; é a linha da Ibejada, que são as Crianças; representa a alegria, a luz da espiritualidade, a ingenuidade e lealdade infantil. Representa a *pureza*, a *sabedoria*, uma das energias mais próximas de Deus.

Cores: rosa e azul.
Comida: doces e caruru.
Bebida: refrigerante e sucos.
Data festiva: 27 de setembro.
Erva: anil, alfazema, colônia, erva-doce, lírio, pitangueira, camomila, erva-cidreira, morango, benjoim, etc.
Flor: rosas cor-de-rosa, porém podem ser oferecidas todas as flores.
Pedra: quartzo rosa.
Dia da semana: domingo.
Sincretismo: São Cosme e São Damião.
Instrumento sagrado: brinquedos.
Saudação: Ibeji Cosme e Damião.

Exercícios

1 – Como é uma gira de Cosme? O que acontece nela?

2 – Qual é o instrumento sagrado do Cosme que você mais gosta em sua Casa? E como ele chama?

3 – Na sua Casa vocês fazem festa para Cosme e Damião?

4 – Voce sabe qual o dia dessa festa?

5 – O que acontece nessa festa?

Nanã

Senhora do Amanhecer

Autoria: Bete Vitiello

Sete linhas tem a Umbanda, e cada
uma o seu poder.
Saluba Nanã...
Nanã, Nanã, Nanã, Nanã Buruquê.
Vovó, tua experiência nos ensina uma lição,
És modelo de paciência, calma e ponderação.
Saluba Nanã..
Viver sob tua guarda, teu amor, tua vibração,
É mais do que merecemos para
cumprir nossa missão.
Saluba Nanã..
Derrame em nossas vidas, ó Senhor da redenção,
A luz com que iluminas o caminho da evolução.
Saluba Nanã...
Como as vovós da Terra és também
vovó no espaço,
Que segurança encerra a doçura
do teu abraço.
Saluba Nanã...

Lenda

Dizem que quando Olorum encarregou Oxalá de fazer o mundo e modelar o ser humano, o Orixá tentou vários caminhos. Tentou fazer o homem de ar, como ele. Não deu certo, pois o homem logo se desvaneceu. Tentou fazer de pau, mas a criatura ficou dura. De pedra, mas a tentativa foi pior ainda. Fez de fogo e o homem se consumiu. Tentou azeite, água e até vinho de palma, e nada. Foi então que Nanã veio em seu socorro e deu a Oxalá a lama, o barro do fundo da lagoa onde ela morava, a lama sob as águas, que é Nanã.

Oxalá criou o homem e o modelou no barro. Com o sopro de Olorum ele caminhou. Com a ajuda dos Orixás povoou a Terra. Mas um dia o homem tem que morrer. O seu corpo tem de voltar à terra, voltar à natureza de Nanã. Nanã deu a matéria no começo, mas quer de volta, no final, tudo o que é dela.

Nanã – É a mãe de Obaluaiê e avó de todos os Orixás, velha encurvada. É protetora das crianças desamparadas e das mães solteiras. Sua morada é nos lagos e pântanos. Dona da lama do fundo dos rios, a lama que moldou todos os homens. Dizem ser a enfermeira que prepara a passagem para a vida espiritual. É a patrona dos professores. É o Orixá feminino mais velho do panteão, pelo que é altamente respeitada. O termo Nanã significa "mãe".

Cor: Roxo.
Comida: berinjela, inhame e repolho roxo.
Erva: manjericão roxo, folha de limão, capim-cidreira, jambolão, manacá, acácia, quaresmeira, losna, sálvia.
Flor: violeta roxa, acácia, quaresmeira, flores roxas.
Metal: níquel, estanho e o bronze.
Pedra: ametista.
Dia da semana: sábado.
Data festiva: 26 de julho.
Sincretismo: Nossa Senhora Sant'Ana.
Atuação: pântanos e lama.
Instrumento sagrado: Ibiri, que ela traz na mão para afastar a morte.
Saudação: Saluba Nanã.

1 – Ligue os pontos.

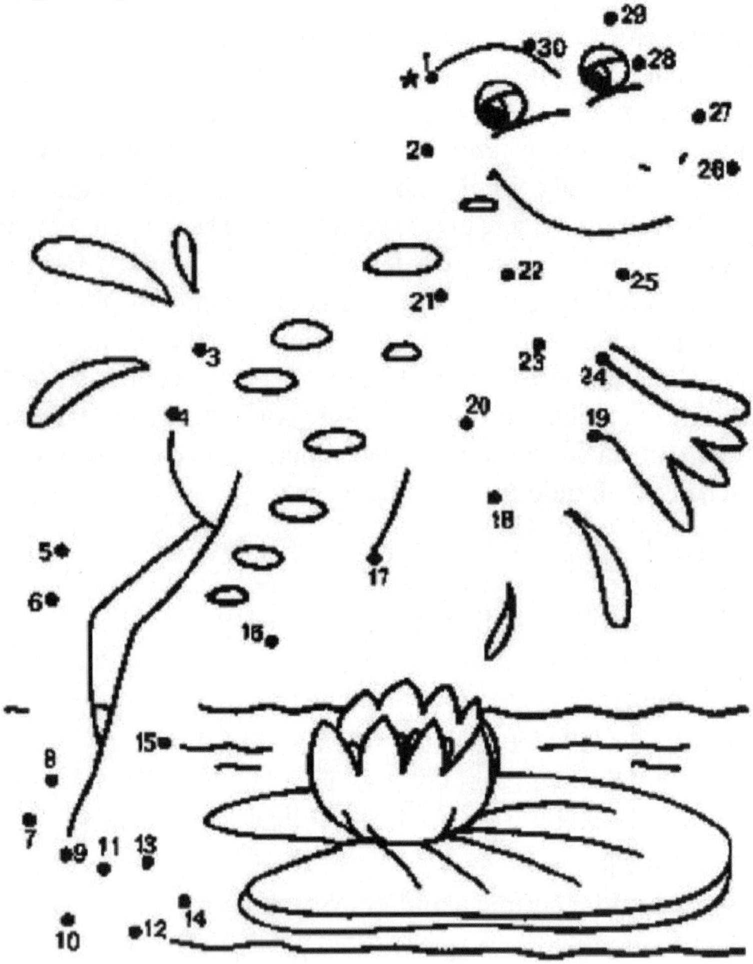

Orixás Donos da Cabeça

No centro de nossa cabeça existe o chacra coronário; ele funciona como um aparelho receptor que é capaz de sintonizar todas as vibrações. Exatamente nesse local se concentra a nossa "coroa". Todos nós temos a regência de um Orixá masculino e outro feminino, que são chamados de Orixás donos da cabeça ou, mais popularmente, pais de cabeça. O Orixá com quem nós temos maior semelhança é o chamado Orixá de frente e pode ser o masculino ou o feminino, independentemente do sexo da pessoa, e determinará algumas características predominantes no médium; porém, o fato de recebermos essas influências, não quer dizer que somos filhos desses Orixás; trata-se apenas de uma afinidade espiritual. Por isso, nunca se esqueçam que só é possível saber qual é o Orixá dono de nossa cabeça através do jogo de búzios, pois existem muitos Orixás que têm características muito parecidas e isso pode enganar na hora de dizer qual é o Orixá de cada um; por isso, só no jogo de búzios, pois o jogo nunca erra.

A Tristeza dos Orixás

Texto de Fernando Sepe

Foi não há muito tempo atrás, que essa história aconteceu. Contada aqui de uma forma romanceada, mas que traz em sua essência uma verdadeira mensagem para os umbandistas...

Ela começa em uma noite escura e assustadora, daquelas de arrepiar os pelos do corpo. Realmente o Sol tinha se escondido nesse dia, e a Lua, tímida, teimava em não iluminar com seus encantadores raios, brilhosos como fios de prata, a morada dos Orixás.

Nessa estranha noite, Ogum, o Orixá das "guerras", saiu do alto ponto onde guarda todos os caminhos e dirigiu-se ao mar. Lá chegando, as sereias começaram a cantar e os seres aquáticos agitaram-se. Todos adoravam Ogum, ele era tão forte e corajoso.

Iemanjá, que tem nele um filho querido, logo abriu um sorriso, aqueles de mãe "coruja" quando revê um filho que há tempos partiu de sua casa, mas nunca de sua eterna morada dentro do coração:

- Ah Ogum, que saudade, já faz tanto tempo! Você podia vir visitar mais vezes sua mãe, não é mesmo? – ralhou Iemanjá, com aquele tom típico de contrariedade.
- Desculpe, sabe, ando meio ocupado – respondeu triste Ogum.
- Mas, o que aconteceu? Sinto que está triste.
- É, vim até aqui para "desabafar" com você "mãezinha". Estou cansado! Estou cansado de muitas coisas que os encarnados fazem em meu nome. Estou cansado com o que eles fazem com a "espada da Lei" que julgam carregar. Estou cansado de tanta demanda. Estou muito mais cansado das "supostas" demandas, que apenas existem dentro do íntimo de cada um deles... Estou cansado...

Ogum retirou seu elmo (capacete), e por de trás de seu bonito capacete, um rosto belo e de traços fortes pôde ser visto. Ele chorava. Chorava uma dor que carregava há tempos. Chorava por ser tão mal compreendido pelos filhos de Umbanda.

Chorava por ninguém entender que, se ele era daquele jeito, protetor e austero, era porque em seu peito a chama da compaixão brilhava. E, se existe um Orixá leal, fiel e companheiro, esse Orixá é Ogum. Ele daria a própria Vida por cada pessoa da humanidade, não apenas pelos filhos de fé. Não! Ogum amava a humanidade, amava a Vida.

Mas, infelizmente, suas atribuições não eram realmente entendidas. As pessoas não viam em sua espada a força que corta as trevas do ego, e logo a transformavam em um instrumento de guerra. Não viam nele a potência e a força de vencer os abismos profundos, que criam verdadeiros vales de trevas na alma de todos. Não viam em sua lança a direção que aponta para o autoconhecimento, para iluminação interna e eterna.

Não! Infelizmente ele era entendido como o "Orixá da Guerra", um homem impiedoso que se utiliza de sua espada para resolver qualquer situação. E logo, inspirados por isso, lá iam os filhos de fé esquecendo-se dos trabalhos de assistência a espíritos sofredores, a almas perdidas entre mundos, aos trabalhos de cura; esqueciam-se do amor e da compaixão, sentimentos básicos em qualquer trabalho espiritual, para apenas realizarem "quebras e cortes" de demandas, muitas das quais nem mesmo existem, ou quando existem, muitas vezes são apenas reflexos do próprio estado de espírito de cada um. E mais, normalmente, tudo isso se torna uma guerra de vaidade, um show "pirotécnico" de forças ocultas. Muita "espada", muito "tridente", muitas "armas", pouco coração, pensamento elevado e crescimento espiritual.

Isso magoava Ogum. Como magoava:

– Ah, filhos de Umbanda, por que vocês esquecem que a Umbanda é pura e simplesmente amor e caridade? A minha espada sempre protege o justo, o correto, aquele que trabalha pela luz, fiando seu coração em Olorum. Por que esquecem que a Espada da Lei só pode ser manuseada pela mão direita do amor, insistindo em empunhá-la com a mão esquerda da soberbia, do poder transitório, da ira, da ilusão, transformando-a em apenas mais uma espada semeadora de tormentos e destruição.

Então, Ogum começou a retirar sua armadura, que representava a proteção e firmeza no caminho espiritual que esse Orixá traz para nossa vida. E totalmente nu ficou frente à Iemanjá. Cravou sua espada no solo. Não queria mais lutar, não daquele jeito. Estava cansado...

Logo um estrondo foi ouvido e o querido, mas também temido, Tatá Omolu apareceu. E, por incrível que pareça, o mesmo aconteceu. Ele não aguentava mais ser visto como uma divindade da peste e da magia negativa. Não entendia, como ele, o Guardião da Vida, podia ser invocado para atentar contra Ela. Magoava-se por sua alfange da morte, que é o princípio que a tudo destrói, para que então a mudança e a renovação aconteçam, ser tão temida e mal compreendida pelos homens.

Ele também deixou sua alfange aos pés de Iemanjá e retirou seu manto escuro como a noite. Logo via-se o mais lindo dos Orixás, aquele que usa uma cobertura para não cegar os seus filhos com a imensa luz de amor e paz que se irradia de todo seu ser. A luz que cura, a luz que pacifica, aquela que recolhe todas as almas que se perderam na senda do Criador. Infelizmente, os filhos de fé esquecem disso...

Mas o mais incrível estava por acontecer. Uma tempestade começou a desabar, aumentando ainda mais o aspecto incrível e tenebroso daquela estranha noite. E todos os outros Orixás começaram a aparecer, para logo começarem também a despir suas vestimentas sagradas, além de deixarem ao pé de Iemanjá suas armas e ferramentas simbólicas.

Faziam isso em respeito a Ogum e Omolu, dois Orixás muito mal compreendidos pelos umbandistas. Faziam isso por si próprios. Iansã queria que as pessoas entendessem que seus ventos sagrados são o sopro de Olorum, que espalha as sementes de luz do seu amor. Oxóssi queria ser reverenciado como aquele que, com flechas douradas de conhecimento, rasga as trevas da ignorância. Egunitá apagou seu fogo encantador, afinal, ninguém lembrava da chama que intensifica a fé e a espiritualidade. Apenas daquele que devora e destrói. Os vícios dos outros, é claro.

Um a um, todos foram despindo-se e pensando quanto os filhos de Umbanda compreendiam erroneamente os Orixás.

Iemanjá, totalmente surpresa e sem reação, não sabia o que fazer. Foi quando uma irônica gargalhada cortou o ambiente. Era Exu. O controvertido Orixá das encruzilhadas, o mensageiro, o guardião, também chegava para a reunião, acompanhado de Pombagira, sua companheira eterna de jornada.

Mas os dois estavam muito diferentes de como normalmente apresentam-se. Andavam curvados, como que segurando um grande peso nas costas. Tinham na face a expressão do cansaço. Mas, mesmo assim, gargalhavam muito. Eles nunca perdiam o senso de humor!

E os dois também repetiram aquilo que todos os Orixás foram fazer na casa de Iemanjá. Despiram-se de tudo. Exu e Pombagira, sem dúvida, eram os que mais razões tinham de ali estarem. Inúmeros eram os absurdos cometidos por encarnados em nome deles. Sem contar o preconceito, que o próprio umbandista ajudou a criar, dentro da sociedade, associando-o a figura do Diabo:

– Hahaha, lamentável essa situação, hahaha, lamentável! – Exu chorava, mas Exu continuava a sorrir. Essa era a natureza desse querido Orixá.

Iemanjá estava desesperada! Estavam todos lá, pedindo a ela um conforto. Mas nem mesmo a encantadora Rainha do Mar sabia o que fazer:

– Espere! – pensou Iemanjá! – Oxalá, Oxalá não está aqui! Ele com certeza saberá como resolver essa situação.

E logo Iemanjá colocou-se em oração, pedindo a presença daquele que é o Rei entre os Orixás. Oxalá apresentou-se na frente de todos. Trazia seu opaxorô, o cajado que sustenta o mundo. Cravou ele na Terra, ao lado da espada de Ogum. Também despiu-se de sua roupa sagrada, para igualar-se a todos, e sua voz ecoou pelos quatro cantos do Orun:

– Olorum manda uma mensagem a todos vocês, meus irmãos queridos! Ele diz para que não desanimem, pois, se poucos realmente os compreendem, aqueles que assim o fazem, não medem esforços para disseminar essas verdades divinas. Fechem os olhos e vejam, que mesmo com muita tolice e bobagem relacionada e feita em nossos nomes, muita luz e amor também estão sendo semeados, regados e colhidos, por mãos de sérios e puros trabalhadores neste às vezes triste, mas abençoado, planeta Terra. Esses verdadeiros filhos de fé que lutam por uma Umbanda séria, sem os absurdos que por aí acontecem. Esses que muito além de "apenas" prestarem o socorro espiritual, plantam as sementes do amor dentro do coração de milhares de pessoas. Esses que passam por cima das dificuldades materiais e das pressões espirituais, realizando um trabalho magnífico, atendendo milhares na matéria, mas também, milhões no astral, construindo verdadeiras "bases de luz" na crosta, onde a espiritualidade e a religiosidade verdadeiras irão manifestar-se. Esses que realmente nos compreendem e buscam-nos dentro do coração espiritual, pois é lá que o verdadeiro Orun reside e existe. Esses incríveis filhos de Umbanda, que não colocam as responsabilidades da vida deles em nossas costas, mas sim, entendem que tudo depende exclusivamente deles mesmos. Esses fantásticos trabalhadores anônimos, soltos pelo Brasil, que honram e enchem a Umbanda de alegria, fazendo a filhinha mais nova de Olorum brilhar e sorrir...

Quando Oxalá se calou, os Orixás estavam mudados. Todos eles tinham suas esperanças recuperadas; realmente viram que se poucos os compreendiam, grande era o trabalho que estava sendo realizado, e talvez, daqui algum tempo, muitos outros se juntariam nesse ideal. E aquilo os alegrou tanto que todos começaram a assumir suas verdadeiras formas, que são de luzes fulgurantes e indescritíveis. E lá, do plano celeste, brilharam e derramaram-se em amor e compaixão pela humanidade.

Em Aruanda, os Caboclos, Pretos-Velhos e Crianças o mesmo fizeram. Largaram tudo, também despiram-se e manifestaram sua essência de luz, sua humildade e sabedoria comungando a bênção dos Orixás.

Na Terra, Baianos, Marinheiros, Boiadeiros, Ciganos e todos os povos de Umbanda sorriam. Aquelas luzes que vinham lá do alto saudavam e abençoavam seus abnegados e difíceis trabalhos. Uma alegria e bem-aventurança incríveis invadiram seus corações. Largaram as armas. Apenas sorriam e abraçavam-se. O alto os abençoava...

Mas, uma ação dos Orixás nunca fica limitada, pois é divina, alcançando, assim, a tudo e a todos. E lá no baixo astral, aqueles Guardiões e Guardiãs da Lei nas trevas também foram alcançados pelas luzes Deles, os Senhores do Alto. Largaram as armas, as capas, e lavaram suas sofridas almas com aquele banho de luz. Lavaram seus corações, magoados por tanta tolice dita e cometida em nome deles. Exus e Pombagiras, naquele dia, foram tocados pelo amor dos Orixás, e, com certeza, aquilo daria força para mais muitos milênios de lutas insaciáveis pela Luz.

Miríade* de espíritos foram retirados do baixo-astral, e pela vibração dos Orixás puderam ser encaminhados novamente à senda que leva ao Criador. E na matéria toda a humanidade foi abençoada. Aos tolos que pensam que Orixás pertencem a uma única religião ou a um povo e tradição, um alerta: os Orixás amam a humanidade inteira, e por todos olham carinhosamente.

Aquela noite, que tinha tudo para ser uma das mais terríveis de todos os tempos, tornou-se bênção na vida de todos. Do alto ao embaixo, da esquerda até a direita, as egrégoras de paz e luz deram as mãos e comungaram daquele presente celeste, vindo diretamente do Orun, a morada celestial dos Orixás.

Vocês, filhos de Umbanda, pensem bem! Não transformem a Umbanda em um campo de guerra, onde os Orixás são vistos como

*Miríade = quantidade indeterminada, porém considerada imensa.

"armas" para vocês acertarem suas contas terrenas. Muito menos esqueçam do amor e compaixão, chaves de acesso ao mistério de qualquer um deles. Umbanda é simples, é puro sentimento, alegria e razão. Lembrem-se disso.

E quanto a todos aqueles que lutam por uma Umbanda séria, esclarecida e verdadeira, independentemente da linha seguida, lembrem-se das palavras de Oxalá ditas aqui.

Não desanimem com aqueles que vos criticam, não fraquejem por aqueles que não têm olhos para ver o brilho da verdadeira espiritualidade.

Lembrem-se de que vocês também inspiram e enchem os Orixás de alegria e esperança. A todos, que lutam pela Umbanda nessa Terra de Orixás, este texto é dedicado.

Honrem-nos. Sejam luz, assim como Eles!

Exercícios:

1 – Qual a diferença entre Orixá e entidade?

2 – Quais são os Orixás da Umbanda?

3 – Quais são as entidades que trabalham na linha da Umbanda?

4 – Como sabemos qual é a entidade chefe do terreiro?

5 – Quais são os Orixás que têm como instrumento a espada? Qual a diferença entre eles?

6 – Quem são os Orixás, onde se manifestam e qual sua área de manifestação?

Oxalá: ____

Ogum: ____

Iemanjá: ____

Oxum: ____

Xangô: ____

Obaluaiê: ____

Nanã: ____

Ibeji: ____

Iansã: ____

Oxóssi: ____

7 – Ligue o Orixá ao seu ponto de atuação:

OXALÁ

OGUM

IEMANJÁ

OXUM

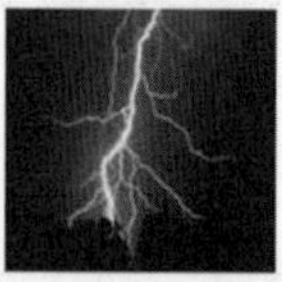

XANGÔ

OBALUAIÊ

NANÃ

IBEJI

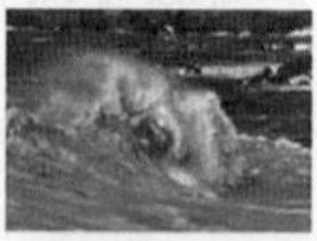

IANSÃ

OXÓSSI

Sincretismo

Sincretismo – *1. Filosófico* = Sistema que combinava os princípios de diversos sistemas; *2. Social* = Fusão de dois ou mais elementos culturais antagônicos num só elemento.

Antagônico = Contrário, oposto.

Os sacerdotes católicos tinham grande influência sobre os latifundiários, e queriam sua ajuda no sentido de catequizar os negros escravos convertendo-os ao Catolicismo. O sincretismo surgiu porque os senhores escravagistas não permitiam que os negros escravos cultuassem a religião que haviam trazido de sua terra natal, a África. Os negros escravizados, e sem vontade própria, sentiram-se acuados, e, para que eles pudessem cultuar seus Orixás, eles tiveram uma grande ideia: começaram a observar as imagens que seus senhores adoravam, e começaram a procurar semelhanças com seus Orixás. Eles então perceberam que Jesus Cristo era o filho de Deus no Catolicismo e, por isso, era o santo católico de maior importância; eles então viram que podiam cultuar essa imagem como sendo o orixá Oxalá o representante da fé, o senhor de branco, símbolo da pureza e da bondade, enganando assim os seus senhores, pois eles "batizavam" as imagens que seus senhores adoravam com os nomes dos seus Orixás, para que assim eles pudessem adorar, sem que seus senhores soubessem, os seus Orixás. Assim nasceu o sincretismo. Da mesma forma os negros escravos pegaram a estátua de Nossa Senhora da Conceição e/ou Nossa Senhora da Aparecida, conforme a região, e a "batizaram" de Oxum; Santa Bárbara, que carrega uma espada, passou a ser "Iansã"; São Gerônimo, que carrega nas mãos o livro da justiça, passou a ser Xangô; São Jorge e/ou Santo Expedito foram militares, portanto, assemelhava-se a Ogum; dependendo da região São Sebastião é sincretizado com Ogum, o Orixá protetor dos agricultores e vencedor de batalhas, e cujos símbolos são a espada e a lança, instrumentos que também eram usados pelos militares romanos; Nossa Senhora dos Navegantes e/ou Nossa Senhora da Glória, dependendo da região, é Iemanjá; Cosme e Damião, que eram dois médicos dedicados a curar crianças enfermas, tornaram-se Ibeji; São Sebastião, que foi vítima de flechadas no interior da mata, foi sincretizado com Oxóssi, o Orixá das matas e cujo símbolo é o arco e a flecha; São Lázaro e\ou São Roque tinha o corpo coberto pelas chagas, assemelhando-se assim a Obaluaiê/Omolu, Orixá responsável pelas doenças e curas; Nossa Senhora de Sant'Anna passou a ser Nanã; São Bartolomeu, que tem uma cobra enrolada em seu corpo, tornou-se Oxumarê; Santa Joana d´Arc, Oba. Há alguns outros santos católicos que também foram sincretizados com alguns desses Orixás, pois dependendo da região, o santo de devoção católica varia e dependendo da qualidade do Orixá também variava, por isso existe mais de um santo católico para representar cada Orixá. Em alguns lugares Nossa Senhora da Conceição é Oxum; em outros, a mesma santa simboliza Iemanjá e assim por diante; por isso, é muito difícil darmos o sincretismo com toda a certeza, tentei aqui mostrar os mais comuns.

Exercícios:

1 - O que é sincretismo?

2 - Por que se iniciou o sincretismo religioso?

3 - Para cada Orixá existe apenas um santo católico que o representa? Por quê?

4 - Por que o sincretismo de Oxalá é Jesus Cristo?

5 - Como os escravos escolhiam os santos católicos para fazer o sincretismo?

6 – Leve o Orixá até seu sincretismo:

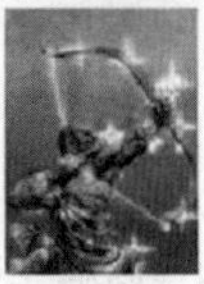

Congá

Congá = Altar

Na compreensão necessária, entende-se a louvação aos altos e o lugar onde se situam as representações, símbolos, instrumentos e estátuas necessários para a sagração do espaço indispensável no culto umbandista. Requer-se cuidado e aprendizado, pois ali estará o lugar onde mais de perto nos comunicaremos com as forças daquela Casa, bem como promoveremos toda a atividade necessária ao culto.

Na parte superior do altar, acima de todas as outras imagens, encontramos Oxalá, por ser considerado o pai de todos os Orixás e simboliza o filho de Deus. A maioria das Casas coloca a imagem de Jesus com os braços abertos ou postados para a frente, simbolizando que está acolhendo a todos que ali estiverem.

Na parte média do altar ficam os Orixás, sendo que na extremidade do lado direito do altar, de quem de frente o olha, deve ficar a imagem do Orixá do sacerdote da Casa, simbolizando o Orixá "dono" da Casa, que deve ser a imagem de maior tamanho nesse local. Na extremidade do lado esquerdo, deve ficar a imagem do segundo dirigente da Casa; quando não houver, deve-se colocar a imagem do segundo Orixá do sacerdote da Casa, imagem que também deve ser de maior tamanho que as demais. Depois, pode-se colocar todos os outros Orixás, simbolicamente, mas não necessariamente.

Na parte baixa do altar deve ficar as imagens das entidades da Casa, sendo que as imagens do sacerdote da Casa devem ficar sempre na parte mais funda do altar, se possível enconstadas na parede, pois será o elo entre a imagem e a terra, o solo sagrado.

Caso o altar da Casa seja em apenas um nível, apenas uma prateleira, pode-se diferenciar as imagens através do tamanho. Oxalá deve ser o mais alto de todos, seguido pelo Orixá do sacerdote da Casa, do Orixá do segundo dirigente ou o segundo Orixá do sacerdote da Casa, e pelas entidades do sacerdote da Casa que devem ser maiores que as outras.

Deve-se manter o congá sempre limpo e iluminado. Caso não se tenha possibilidade de iluminar todos os Orixás e entidades, pode-se manter o congá com apenas uma vela acesa, de preferência de sete dias, porém também pode ser iluminado com vela fina, que deverá ser recolocada todos os dias (uma por dia é o suficiente, pois a iluminação volatiza para o astral e perdura até o dia seguinte). Caso se tenha possibilidade, também é aconselhável colocar flores no altar, de preferência brancas, pois as flores brancas agradam a todas as entidades e Orixás.

Para os ciganos, pode-se manter um altar separado do altar geral, o que não quer dizer que não se possa cultuá-los no altar normal. Esse altar deve manter a imagem do cigano ou cigana, o incenso de preferência da entidade, duas taças de cristal ou cobre, uma com água e outra com vinho, uma pedra da cor de preferência da entidade, que deve ser colocada em um suporte (pires) de alumínio ou cobre. Deve-se fazer oferendas periódicas para Ciganos, mantendo o altar iluminado sempre com vela branca e outra da cor de vinculação da entidade. Caso queira, também pode colocar Santa Sara Kali nesse altar, pois é uma santa cultuada por alguns clãs ciganos.

Exercício:

1 - Qual a necessidade do congá na Casa?

2 - Como devemos dispor as imagens no altar?

Casa de Exu

Na Casa de Exu são cultuados os Guardiões e Guardiãs da Casa.

Ela deve estar sempre limpa e organizada, com as velas acesas e todas as ferramentas necessárias para bom funcionamento.

Deve ser cuidada somente pelo sacerdote da Casa ou por alguém que seja de sua extrema confiança para cuidar das coisas dos Guardiões, por ser o sustentáculo dos trabalhos espirituais e da Casa.

A Casa de Exu, também chamada de Tronqueira, é o local onde se trunca (corta) as demandas.

A Casa de Exu, preferencialmente, deve ser montada na entrada da Casa, pois ela é sua segurança. Todas as demandas enviadas para a Casa recaem diretamente na Casa de Exu.

Não existe um tamanho específico para a Casa de Exu, algumas pessoas fazem um pequeno espaço na frente da Casa onde se coloca apenas uma imagem, um copo, um cinzeiro e uma vela, para fazerem os tratamentos dos Guardiões. Há outras que utilizam um cômodo inteiro colocando altares, quadros, mesas para assim cultuarem suas entidades. A Casa de Exu, não importa o tamanho que tenha, tem sempre a mesma finalidade, com a mesma potência, pois os Guardiões sabem do nosso amor por eles.

Todas as pessoas que frequentam a Casa devem, ao entrar, cumprimentar a Casa, como já vimos anteriormente.

Exercícios

1 – O que é a Casa de Exu, para que serve?

2 – Qualquer um pode entrar na Casa de Exu? Por quê?

3 – Com que frequência devemos cumprimentar a Casa de Exu?

Quarto de Santo ou Camarinha

A camarinha é um quarto sagrado onde são feitos os rituais da Coroação na Umbanda, do amaci, da saída de Caboclo, onde se colocam oferendas para entidades e Orixás. Algumas Casas também usam a camarinha para guardar as quartinhas dos filhos da Casa.

Deve estar sempre limpa e organizada, com as velas acesas e todas as ferramentas necessárias para seu bom funcionamento.

Nas Casas em que seus sacerdotes vieram do Culto ao Orixá, não existe camarinha e sim quarto de santo, que é o local onde são cultuados os Orixás da Casa.

O quarto de santo é como se fosse um altar específico do sacerdote da Casa; lá são colocados e tratados todos os Orixas e firmesas que o sacerdote da Casa tiver. Nesse local só é permitida a entrada de filhos da Casa que já foram iniciados ou fizeram alguma obrigação e que tenham sido escolhidos pelo sacerdote.

Ele deve estar sempre limpo e organizado, com as velas acesas e todas as ferramentas necessárias para seu bom funcionamento.

Linhas de Umbanda

Pretos-Velhos

"Lá no sire grande tem protetor
Tem um Preto-Velho que Oxalá mandou
Ele veio de Aruanda, veio sim Senhor
Irmãos bate cabeça que o Pai Tomé chegou
Vem meu Pai, vem meu Pai
Salve a vossa banda, Salve o meu Pai Oxalá."

Sire – Palavra do idioma iorubá que significa festa, sendo que a letra s pronuncia-se com som de X; portanto, pronuncia-se xirê.

Cantiga de Raiz recebida por Nelson Pires Filho

Os Pretos-Velhos geralmente são espíritos que em alguma de suas encarnações foram escravos, porém não necessariamente velhos. Representam a força, a resignação, a sabedoria, o amor e a caridade. São um ponto de referência para todos aqueles que necessitam, pois curam, ensinam, educam pessoas e espíritos sem luz. Simbolizam a humildade, não têm raiva ou ódio pelas humilhações, atrocidades e torturas a que foram submetidos no passado. Os Pretos-Velhos vêm na linha das Almas. Essa falange é composta pelos espíritos que têm a missão de combater o mal e todas as suas manifestações. Com seus cachimbos, fala pausada, tranquilidade nos gestos, eles escutam e ajudam àqueles que necessitam, independentemente de sua cor, idade, sexo e religião. Suas rezas e invocações são poderosas. No processo cíclico da reencarnação passaram por muitas vidas anteriores; foram negros, escravos, filósofos, médicos, ricos, pobres, iluminados, etc. Outros, nem negros foram, mas escolheram como missão voltar nessa forma. Para muitos, os Pretos-Velhos são conselheiros que mostram a vida e seus caminhos; para outros, são amigos, confidentes, mentores espirituais; para outros, ainda, são os exorcistas que lutam com suas mandingas, banhos de ervas, pontos de fogo, pontos riscados, etc. Eles aliviam o fardo espiritual de cada pessoa, fazendo com que ela se fortaleça espiritualmente. Se a pessoa se fortalece e cresce, consegue carregar mais comodamente o peso de seus sofrimentos. Ao passo que, se ela se entrega ao sofrimento e ao desespero, enfraquece e sucumbe pelo peso que carrega. Então cada um pode fazer com que seu sofrimento diminua ou aumente, de acordo como encare seu destino e os acontecimentos de sua vida.

O termo "Velho", "Vovô" e "Vovó" é para mostrar sua experiência, pois quando pensamos em alguém mais velho, como um vovô ou uma vovó, acreditamos que essa pessoa tenha mais sabedoria, paciência e compreensão. Um Preto-Velho, quando incorpora no médium vem de forma envergada, sob o peso dos anos de existência em vida na terra.

Existe um conto veiculado na Internet que diz mais ou menos assim:

"Certa vez, em um Centro do interior de Minas, uma senhora consultando-se com um Preto-Velho comentou que ficava muito triste ao ver no terreiro pessoas unicamente interessadas em resolver seus problemas particulares de cunho material, usando os trabalhos de Umbanda sem pensar no próximo, e só retornavam ao terreiro quando estavam com outros problemas. O Preto-Velho deu uma baforada com seu cachimbo e respondeu tranquilamente: "Sabe, filha, essas pessoas preocupadas consigo próprias são escravas do egoísmo. Procuramos ajudá-las, resolvendo seus problemas; mas, aquelas que podem ser aproveitadas, depois de algum tempo, sem que percebam, estarão vestidas de roupa branca, descalças, fazendo parte do terreiro. Muitas pessoas vêm aqui buscar lã e saem tosquiadas; acabam nos ajudando nos trabalhos de caridade".

Essa é a sabedoria dos Pretos-Velhos... Os Pretos-Velhos levam a força de Deus (Zambi) a todos que queiram aprender e encontrar uma fé.

Os Pretos-Velhos manipulam as ervas que contêm as energias que estão faltando nos filhos.

Muitas vezes os Pretos-Velhos, além da defumação e do passe, indicam banhos para as pessoas que passam por suas consultas. Esse banho serve para melhorar as condições energéticas e aproximá-lo das entidades que estão trabalhando com ele, fortalecendo assim a ligação entre eles. Esses banhos devem ser sempre do pescoço para baixo. Se for preparado em casa, com ervas frescas ou secas, deve-se colocar um caldeirão de água no fogo, deixar a água ferver, apagar o fogo, colocar as ervas e tampar, deixando por algum tempo até que a água esteja em temperatura boa para o corpo. As ervas ainda podem ser trituradas ou maceradas, no caso de serem verdes e frescas.

Muitos dos Pretos-Velhos gostam de guias com contas de rosário-de-nossa-senhora, alguns misturam favas e colocam cruzes ou figas feitas de guiné ou arruda.

Suas roupas são xadrez preto e branco, ou branco. As Pretas-Velhas às vezes usam lenço na cabeça; e os Pretos-Velhos, às vezes -usam chapéu de palha, e ambos podem usar bengala.

Eles bebem café preto ou vinho tinto, fumam cachimbo ou cigarros de palha. Uma das comidas que gostam é o tutu de feijão; o dia da semana dedicado aos Pretos-Velhos é a segunda-feira, por ser também o dia dedicado às almas. O dia em que a Umbanda homenageia os Pretos-Velhos é 13 de maio, que é a data em que foi assinada a Lei Áurea (libertação dos escravos).

Esperança de uma Preta-Velha

Vovó Luiza da Bahia

Médium: Elizabeth Caetano Drumond – Psicografado em 30/04/2008

Fios, Veia veio aqui hoje prá falar de Amor, Caridade e Humildade!

Sabe, fios, Veia tem cutado muito os fios pidindo prá ser mais humilde, pidindo desculpa por ter falado um não pros irmãos, pidindo desculpa por não ter dado valor a famía enquanto estavam tudo carnado.

Veia quer fazê falador prá tudo suncês entender que quando os pedidô e os desculpador não vêm do coração puro e verdadeiro que todos suncês pode ter, num dianta, fios. É fácil fazer rezador quando a noite cai e achar que tudo tá resovido; o difíciu, fio, é acordar depois e consegui amar a todos como o Pai Maior ensinou, é ajudar um desconhecido quando ele fazer precisador. Suncês acham que fazer Caridade é só com amigo e família? Isso é fáciu, né fio? É fácil fazer rezador pro inimigo pedindo paz e luz, mas se o inimigo fazer ou falar alguma coisa que num é do agrado de suncês, suncês tudo esquecem do que pediu prá esses irmãos; se num é de coração, num dianta.

Muitas vezes, fio, suncês são seus próprios inimigos. Suncês já fizeram pensador que muitas vezes suncês dão poder e força pros irmãos que nem faz mais pensador em suncês? Sabe como tudo suncês fazem isso? Lembrando todos os dias desses irmãos, falando todos os dias desses irmãos, julgando todos os dias esses irmãos.

E sabe o que é o pior, fio? Muitas vezes suncês tiveram culpa das tristezas de seus corações. É fácil, né fio, culpar sempre alguém pelos seus erros, quedas e tristezas? Porque os acertos, fios, suncês levam o troféu suzinhos. Às vezes, fiu, suncês até falam que um irmão ajudou na vitória, mas se num fosse suncês não teria sido tão perfeito. Isso, fio, é falsa humildade! Fio, cadê a Caridade? Cadê o amor com os irmãos? "Amai-vos uns aos outros como eu vos amei". Suncês lembram quem falou isso? Foi o Pai Maior!

E sabe o que Veia tem prá falar? Nada nesse mundão acontece ou deixa de acontecer que não seja da vontade de nosso Pai. Orai e Vigiai, fios.

E nada nesse canzuá acontece ou deixa de acontecer que não seja da vontade do meu irmão Pery.

Por mais erros, desvius e quedas que suncês passam, ele está sempre respeitando a vontade de cada um de suncês e sempre está de coração aberto pra tentá acertá e levantá tudo suncês. E nós tudo estamos juntos ao seu lado pra pudê encaminhá cada problema pra direção certa.

Fios, quando suncês acordarem todos os dias, agradeçam a nós não, e sim ao Pai Maior, por estarem encarnados e terem a oportunidade de resgatá seus carmas. Como Veia sempre diz, só podemos ajudá se for do nosso merecimento e do merecimento de cada um de suncês, e somente se o Pai Maior quiser e achá que nós podemos ajudar. Olhe prá um irmão como se fosse suncês. Não julguem para num serem julgados. Mas escutem sempre, pra sempre poderem ser escutados. Reconhecer seus erros e injustiças é ser Humano, é ser umbandista. Abaixar a cabeça e chorar não é vergonha não, fio, é ser humilde.

Nêga Veia si dispedi com esperança de que cada um que leu esse papel tenha entrado um puquinho de irmandade dentro do coração de cada fio dessa cá Terra.

Que meu Pai Oxalá abençoe tudo suncês, que minha Mãe Oxum os cubra com seu manto pra que os inimigos não os enxerguem.

Saravá todo povo da Bahia! Saravá todo povo de Congo! Saravá todo povo de Mina! Saravá todo povo de Angola! Saravá todo povo de Nagô!

Saravá Umbanda!

Exercícios

1 – Na Casa em que você trabalha tem gira de Preto-Velho? Se tem, você sabe o nome de todos que trabalham na Casa, quais você lembra?

2 – Você acha que todos os Pretos-Velhos são entidades velhas e de cor da pele negra?

3 – O que você acha dos Pretos-Velhos? Como eles se parecem?

4 – Fale um pouco sobre um Preto-Velho ou Preta-Velha, que você goste.

5 – Qual é o instrumento de trabalho mais usado pelos Pretos-Velhos?

6 – Qual cantiga de Preto-Velho você mais gosta? Escreva para que todos possam conhecê-la.

Cosme e Damião - Salve a Linha das Crianças!

"Vovó me traz um balão
Com todas as crianças que tem lá no céu
Tem doce, vovó
Tem doce, vovó
Tem doce lá no jardim".

Quando falamos na linha das Crianças, estamos falando de uma das linhas mais próximas de Deus e de uma das energias atuantes mais sutis, como no caso dos Pretos-Velhos. As entidades que atuam como um espírito infantil são muito amigas e têm mais poder do que imaginamos. São conselheiros e curadores, por isso foram associadas à Cosme e Damião, curadores que trabalhavam com a magia dos elementos para curar crianças enfermas.

Os Cosmes, como são carinhosamente chamados na Umbanda, não gostam de desmanchar demandas, nem de fazer desobsessões. Preferem as consultas, e enquanto vão atendendo vão trabalhando sobre o consulente, modificando e equilibrando sua vibração, regenerando os pontos de entrada de energia do corpo humano. Essas entidades, mesmo sendo puras, não são tolas, pois conseguem ver muito rapidamente nossos erros e falhas, e não se calam, alertando-nos sobre eles.

Essas entidades são a verdadeira expressão da alegria e da honestidade; dessa forma, apesar da aparência frágil, são verdadeiros magos e conseguem atingir o seu objetivo com uma força imensa, atuam em qualquer tipo de trabalho.

Quando incorporadas em um médium, gostam de brincar, correr e fazer brincadeiras como qualquer criança. Alguns deles incorporam pulando e gritando, batendo palmas, etc. Essas características, que as vezes nos passam desapercebido, são sempre formas que eles têm de exercer uma função específica, como a de descarregar o médium, o terreiro ou alguém da assistência. Os pedidos feitos a uma Criança incorporada normalmente são atendidos de maneira bastante rápida. Entretanto, a cobrança que elas fazem dos presentes prometidos também é. Nunca prometa um presente que não vai poder dar, pois assim que seu pedido for atendido, eles cobrarão o prometido. O que mais comumente é pedido pelos Cosmes são balas, docinhos ou pequenos brinquedos, coisas simples, assim como eles.

Salve a linha das crianças!

Ibeji, Cosme e Damião!

Oração à São Cosme e Damião

São **Cosme** e São **Damião**, que por amor a Deus e ao próximo vos dedicastes à **cura** do corpo e da **alma** de vossos semelhantes, abençoai os **médicos** e **farmacêuticos**, medicai o meu corpo na doença e **fortalecei** a minha alma contra a **superstição** e todas as práticas do mal. Que vossa **inocência** e **simplicidade** acompanhem e protejam todas as nossas crianças. Que a **alegria** da consciência tranquila, que sempre vos acompanhou, repouse também em meu **coração**. Que a vossa **proteção** conserve meu coração simples e sincero, para que sirvam também para mim as palavras de Jesus: "Deixai vir a mim os pequeninos, porque deles é o **Reino do Céu**".

São Cosme e São Damião, rogai por nós. Amém.

Exercícios:

1 – Vamos encontrar as palavras em negrito, na Oração a São Cosme e São Damião:

A	G	H	I	L	O	L	D	A	F	S	H	I	L	O	L	D	R	H	N
Q	P	I	R	I	T	U	A	R	C	M	A	Y	C	B	G	W	L	R	D
N	U	H	V	K	D	R	O	F	E	Y	Z	S	E	M	F	U	I	E	A
A	G	U	N	M	A	S	H	I	L	K	A	I	S	Y	T	B	N	A	O
P	E	A	G	H	M	R	O	O	I	L	T	M	É	D	I	C	O	S	J
U	V	D	F	I	I	T	U	N	S	I	E	P	A	D	A	T	C	P	E
C	O	R	A	Ç	Ã	O	H	J	C	E	U	L	T	C	I	X	E	A	C
O	O	J	V	A	O	U	I	A	U	U	N	I	M	S	A	C	N	T	O
M	P	E	I	O	P	E	F	A	R	M	A	C	E	U	T	I	C	O	S
T	U	O	F	E	U	O	O	K	A	O	I	I	S	P	U	R	I	U	M
I	T	A	U	K	T	A	R	I	Y	I	S	D	E	E	R	M	A	S	E
P	I	R	I	T	U	A	T	E	L	B	A	A	N	R	F	S	H	I	L
P	G	T	B	A	M	T	A	T	B	E	N	D	E	S	G	A	L	M	A
U	Y	E	B	D	P	E	L	E	B	M	O	E	I	T	O	L	T	E	N
T	N	E	X	P	U	N	E	E	X	T	N	E	X	I	R	A	E	N	U
R	E	I	N	O	D	O	C	É	U	G	I	O	Ã	Ç	E	T	O	R	P
V	N	J	M	K	F	G	E	S	F	T	N	E	X	Ã	I	E	H	O	X
A	E	L	R	D	R	D	I	R	C	L	A	Y	C	O	G	W	L	R	D

2 – As entidades que trabalham na linha de Cosme e Damião são necessariamente espíritos de crianças desencarnadas? Por quê?

3 – Qual é a cor preferida da linha de Cosme e Damião? Por quê?

4 – Voce já participou de uma gira de Cosme? Do que você mais gostou?

5 – Na Casa que você frequenta costuma ter festa de Cosme? Em que dia? Conte-me como é esta festa.

6 – Vamos levar a menina até Cosme e Damião?

7 – Vamos colorir e completar a imagem de Cosme e Damião (p. 200) com as coisas que acredita faltar.

Caboclos

"Meu passarinho azulão
Ele voa rente do chão
Saravá Cacique Pena Branca
Peito de aço e bodoque na mão".

Okê, Caboclo!

Caboclo = mestiço de branco com índio.

Os Caboclos são espíritos de muita luz, que assumem a forma de "índios", prestando uma homenagem a esse povo que foi massacrado pelos colonizadores. São exímios caçadores e possuem profundo conhecimento das ervas e seus princípios ativos, e, muitas vezes, suas receitas produzem curas inesperadas. Os Caboclos são quase sempre sisudos e de poucas palavras, porém é possível encontrar alguns sorridentes e conversadores.

Eles são o braço forte da Umbanda, muito utilizados nas sessões de desenvolvimento mediúnico. Fazem curas por meio de ervas e simpatias, fazem desobsessão, demandas e uma série de outros serviços e atividades executados nas Casas. Ajudam na vida material com trabalhos de magia positiva, que limpam e equilibram a nossa áura auxiliando-nos a chegar ao nosso objetivo. O trabalho que eles desenvolvem é o de encorajar o nosso espírito e prepará-lo para que nós consigamos o nosso objetivo. Na Umbanda só trabalhamos com magias para o bem.

Os Caboclos não trabalham só nos terreiros, eles prestam serviços também aos trabalhos de "mesa branca", pois mesmo depois de desencarnarem, ainda conservam um corpo espiritual carregado de grande vitalidade. No plano espiritual, próximo à Terra, predominam espíritos ociosos, atrasados e desordeiros que só respeitam a força. Os Caboclos, braço armado da Umbanda, de almas simples e generosas, trabalham para manter a ordem, não permitindo agressões e bagunças no recinto do trabalho. São também chamados para auxiliar os mentores, nos casos de desobsessão, pois pegam o obsessor impertinente e teimoso, "amarrando-o" em sua força magnética e levando-o para outra região, onde possa aprender mais sobre o amor, o perdão e a resignação.

"Eu vi romper, no céu iluminar
Vi bater lá nas pedreiras para nos abençoar.
Na pedra grande tem um ponto protetor
Tem um o̱sè de trabalho de um caboclo de Xangô
Ele vem de Aruanda, Ele vem trabalhar
Salve seu Sete Pedreiras, Salve os nossos Orixás."

"Osé" = Palavra do idioma iorubá que significa machado de dois cortes, instrumento de Xangô; como já dissemos anteriormente, lê-se com som de x (ôxê).

Ponto de raiz recebido por Nelson Pires Filho.

Exercícios:

1 – Quem é o Caboclo que trabaha com o dirigente de sua casa? O que você acha dele?

2 – Quem são os Caboclos e o que eles fazem?

3 – Além da Umbanda, onde mais os Caboclos trabalham?

4 – Por que os Caboclos trabalham na Mesa Branca?

5 – Como podemos enfeitar nosso Templo para fazermos uma bela festa para os Caboclos? O que servimos para as entidades nessas festas?

6 – Quais os Caboclos que você conhece e como eles são?

Povo Baiano – é Prá Bahia Meu Pai!

"Acorda Maria Bonita
Levanta e vai fazer o café
Que o dia já vem raiando
E a polícia já está de pé"

A corrente baiana é formada por espíritos alegres, brincalhões, descontraídos e adoram "desmanchar" demandas. São muito conselheiros, orientadores, aguerridos e chegados à "macumba" (instrumento musical para dança ritual), durante a qual trabalham enquanto giram com seus passos próprios. Apreciam as "festas" que lhes fazem, onde bebem água de coco, pinga coquinho ou batida de coco e comem cocadas e comidas típicas da cozinha baiana.

A corrente baiana é muito ligada ao plano negativo também e por isso são grandes conhecedores de magia e usam esses conhecimentos no combate direto às forças do mal, desmanchando feitiços, quebrando demandas, etc. Nunca andam sozinhos, o que os torna poderosos no combate ao mal.

Quando uma pessoa não é correta e os procura pedindo ajuda, ouve deles o que não quer, pois o povo baiano fala o que tem que falar, a pessoa gostando ou não.

A linha dos Baianos sempre foi para nós de um valor imenso, a amizade que sempre demonstraram, os puxões de orelha que sempre nos deram na hora certa, corrigindo nossos defeitos e nossa conduta e as provas que sempre nos deram, sempre aumentaram a nossa fé, enfim, aos Baianos devemos muito.

Vamos agora deixar uma linda mensagem para refletir:

O Encontro de Zé Pelintra com Lampião

Por Fernando Sepe

Tenda de Umbanda Caboclo Ubirajara e Vovó Maria Redonda

Um dia desses, passeando por Aruanda, escutei um conto muito interessante. Uma história sobre o encontro de Zé Pelintra com Lampião...

Dizem que tudo começou quando Zé Pelintra, malandro descolado na vida, tentou aproximar-se de Maria Bonita, pois a achava uma mulher muito atraente e forte, como ele gostava. Virgulino, ou melhor, Lampião, não gostou nada da história e veio tirar satisfação com o Zé:

– Então você é o tal do Zé Pelintra? Olha aqui, cabra, devia te encher de bala, mas não adianta...Tamo tudo morto já! Mas escuta bem, se tu mexer com a Maria Bonita de novo, vou dá um jeito de te mandar pro inferno...

– Inferno? Hahahaha, eu entro e saiu de lá toda hora, não vai ser novidade nenhuma pra mim! – respondeu o malandro – Além do mais, eu nem sabia que a gracinha da "Maria" tinha um "esposo"! Então é por isso que ela vive a me esnobar!

– Gracinha? Olha aqui, cabra safado, tu dobre a língua pra falar dela, se não tu vai conhecer quem é Lampião! – disse Virgulino puxando a peixeira, já que não era, e nunca seria, um homem de muita paciência.

– Que isso, homem, tá me ameaçando? Você acha que aqui tem bobo? – e Zé Pelintra estralou os dedos, surgindo toda uma falange de espíritos amigos do malandro; afinal, ele conhecia a fama de Lampião e sabia que a parada era dura.

Mas Lampião, que também tinha formado toda uma falange, ou bando, como ele gostava de chamar, assoviou como nos tempos de sertão e todo um "bando" de cangaceiros chegou para participar da briga. A coisa parecia já não ter jeito, quando um espírito simples, com um chapéu na cabeça, uma camisa branca, cabelos enrolados, chegou dizendo:

– Oooooooxxxxxx! Mas o que que é isso aqui? Compadre Lampião, põe essa peixeira na bainha! Oxente, Zé, tu não mexeu com Maria Bonita de novo, foi? Mas eu num tinha te avisado, ooooxx, recolhe essa navalha, vamo conversar, camaradas...

– Nada de conversa, esse cabra mexeu com a minha honra, agora vai ter! – disse Lampião enfurecido!

– Tô te esperando, olho de vidro! – respondeu Zé Pelintra.

– Pera aí! Pela amizade que vocês dois tem por mim, "Severino da Bahia", vamo baixar as armas e vamo conversar, agora!

Severino era um antigo babalorixá da Bahia, que conhecia os dois e tinha muita afeição por ambos. Os dois, por consideração a ele, afinal a coisa que mais prezavam entre os homens era a amizade e a lealdade, baixaram as armas. Então Severino disse:

– Olha aqui, Zé, esse é o Virgulino Ferreira da Silva, o compadre Lampião, conhecido também como o "Rei do Cangaço". Ele foi o líder de um movimento, quando encarnado, chamado Banditismo ou Cangaço, correndo todo o sertão nordestino com sua revolta e luta por melhores condições de vida, distribuição de terras, fim da fome e do coronelismo, etc. Mas sabe como é, cometeu muitos abusos, acabou no fim desvirtuando e gerando muita violência...

– É, isso é verdade. Com certeza a minha luta era justa, mas os meios pelo qual lutei não foram, nem de longe, os melhores. Tem gente que diz que Lampião era justiceiro, bem... Posso dizer que num fui tão justo assim – disse Lampião assumindo um triste semblante.

– Eu sei como é isso. Também fui um homem que lutou contra toda exploração e sofrimento que o pobre favelado sofria no Rio de Janeiro. Nasci no Sertão do Alagoas, mas os melhores e piores momentos da minha vida foram no Rio de Janeiro mesmo. Eu personificava a malandragem da época. Malandragem era um jeito esperto, "esguio", "ligeiro", de driblar os problemas da vida, a fome, a miséria, as tristezas, etc. Mas também cometi muitos excessos, fui por muitas vezes demais violento e, apesar de morrer e terem me transformado em herói, sei que não fui lá nem metade do que o povo diz – dessa vez era Zé Pelintra quem perdia seu tradicional sorriso de canto de boca e dava vazão à sua angústia pessoal...

– Ooxx, tão vendo só, vocês tem muitas semelhanças; são heróis para o povo encarnado, mas aqui, pesando os vossos atos, sabem que não foram tão bons assim. Todos têm senso de justiça e lealdade muito grande, mas acabaram por trilhar um caminho de dor e sangue que nunca levou e nunca levará a nada.

– É verdade... Bem, acho que você não é tão ruim quanto eu pensava, Zé. Todo mundo pode baixar as armas, de hoje em diante nós cangaceiros vamo respeitar Zé Pelintra; afinal, lutou e morreu pelos mesmos ideias e com a mesma angústia no coração que nós!

– O mesmo digo eu! Aonde Lampião precisar, Zé Pelintra vai estar junto, pois eu posso ser malandro, mas não sou traíra e nem falso. Gostei de você, e quem é meu amigo eu acompanho até na morte.

– Oooooxxxxx! Hahahaha, mas até que enfim! Tamo começando a nos entender. Além do mais, é bom vocês dois estarem aqui, juntos com vossas falanges, porque eu queria conversar a respeito de uma coisa! Sabe o que é...

E Severino falou, falou e falou... Explicando que uma nova religião estava sendo fundada na Terra, por um tal de Caboclo das Sete Encruzilhadas, uma religião que ampararia todos os excluídos, pobres, miseráveis e onde todo e qualquer espírito poderia se manifestar para a caridade. Explicou que o culto aos amados Pais e Mães Orixás que ele praticava quando estava encarnado iria se renovar, e eles estavam amparando e regendo todo o processo de formação da nova religião, a Umbanda...

– ...é isso! Estamos precisando de pessoas com força de vontade, coragem, garra para trabalhar nas muitas linhas de Umbanda que serão formadas para prestar a caridade. E como eu fui convidado a participar, resolvi convidar vocês também! Que acham?

– Olha, eu já tenho uma experiência disso lá no culto a Jurema Sagrada, o Catimbó! Tô dentro, pode contar comigo! Eu, Zé Pelintra, vou estar presente nessa nova religião chamada Umbanda; afinal, se ela não tem preconceito em acolher um “negô” pobre, malandro e ignorante como eu, então nela e por ela eu vou trabalhar. E que os Orixás nos protejam!

- Bem, eu num sô homem de negar batalho não! Também vou tá junto de vocês, eu e todo o meu bando. Na força de "Padinho" Cícero e de todos os Orixás, que eu nem conheço quem são, mas já gosto deles assim mesmo...

E o que era para transformar-se em uma batalha sangrenta acabou virando uma reunião de amigos. Nascia ali uma linha de Umbanda, apadrinhada pelo baiano "Severino da Bahia", pelo malandro mestre da Jurema "Zé Pelintra" e pelo temido cangaceiro "Lampião".

Junto deles vinham diversas falanges. Com o malandro Zé Pelintra vinham os outros malandros lendários do Rio de Janeiro, com seus nomes simbólicos: "Zé Navalha", "Sete Facadas", "Zé da Madrugada", "Sete Navalhadas", "Zé da Lapa", "Nego da Lapa", entre muitos e muitos outros.

Junto com Lampião vinha a força do cangaço nordestino: Corisco, Maria Bonita, Jacinto, Raimundo, Cabeleira, Zé do Sertão, Sinhô Pereira, Xumbinho, Sabino, etc.

Severino trazia toda uma linha de mestres baianos e baianas: Zé do Coco, Zé da Lua, Simão do Bonfim, João do Coqueiro, Maria das Graças, Maria das Candeias, Maria Congá, vixi num acaba mais...

Em homenagem ao irmão Severino, o intermediador que evitou a guerra entre Zé Pelintra e Lampião, a linha foi batizada como "Linha dos Baianos", pois tanto Severino como seus principais amigos e colaboradores eram "Baianos".

E uma grande festa começou ao som do tambor, do pandeiro e da viola, pois nascia ali a linha mais alegre, mais divertida e "humana" da Umbanda. Uma linha que iria acolher a qualquer um que quisesse lutar contra os abusos, contra a pobreza, a injustiça, as diferenças sociais, uma linha que teria na amizade e no companheirismo sua marca registrada. Uma linha de guerreiros, que um dia se excederam na força, mas que hoje lutavam com as mesmas armas, agora guiados pela bandeira branca de Oxalá.

E, de repente, no meio da festa, raios, trovões e uma enorme tempestade começaram a cair. Era Iansã que abençoava todo aquele povo sofrido e batalhador, igualzinho ao povo brasileiro. A deusa dos raios e dos ventos acolhia em seus braços todos aqueles espíritos, guerreiros como ela, que lutavam por mais igualdade e amor no nosso dia dia.

E assim acaba a história que eu ouvi, diretamente de um Preto-Velho, um dia desses em Aruanda. Dizem que Zé Pelintra continua tendo uma queda por "Maria Bonita", mas deixou isso de lado devido ao respeito que tem pelo irmão Lampião. Falam, ainda, que no momento ele "namora" uma Pombagira, que conheceu quando começou a trabalhar dentro das linhas de Umbanda. Por isso é que ele "baixa", às vezes, disfarçado de Exu...

"Oxente eu sou baiano, oxente baiano eu sou,
Oxente eu sou baiano, baiano trabalhador,
Venho junto de Corisco, Maria Bonita e Lampião,
Trabalhar com Zé Pelintra
Pra ajudar os meus irmãos...!".

Exercícios:

1 – O que deve haver para fazemos uma bela festa para os Baianos?

2 – Sua Casa trabalha com essa corrente? Quem é a entidade que trabalha com o chefe da Casa? Como ela é?

3 – Como são os espíritos da corrente baiana?

4- Por que o Povo Baiano é mais conhecedor das magias que combatem as forças do mal?

5 – Qual a diferença entre o bando de Lampião e o de Zé Pilintra?

6 – Quem foi Severino da Bahia? Como ele conseguiu evitar a briga de Lampião e Zé Pilintra?

7 – Quem faz parte do Bando de Lampião?

8 – Quais são os outros Malandros que vieram com Zé Pilintra?

9 – Como os Bandos de Lampião e Zé Pilintra passaram a fazer parte da Umbanda?

Boiadeiros

"Me chamam de Boiadeiro
Eu não sou Boiadeiro não
Sou laçador de gado
Boiadeiro é meu patrão"

Nos terreiros, os Boiadeiros vêm "descendo em seus aparelhos" como se estivessem laçando seu gado, dançando, bradando, enfim, criando seu ambiente de trabalho e vibração.

Com seus chicotes e laços vão quebrando as energias negativas e descarregando os médiuns, o terreiro e as pessoas da assistência. Os Boiadeiros são entidades que representam a natureza desbravadora, simples e persistente do homem do sertão. São os vaqueiros, boiadeiros, laçadores e peões.

Dá mesma maneira que os Pretos-Velhos representam a humildade, os Boiadeiros representam a liberdade e a determinação que existe no homem do campo e a sua necessidade de conviver com a natureza e os animais, sempre de maneira simples, mas com força e fé muito grandes.

Os Boiadeiros durante seus trabalhos bebem vinho ou marafo (aguardente), pois gostam de bebidas fortes, fumam cigarro, cigarro de palha e charutos.

Sua saudação é Jetuá. Sua dança representa o peão andando a cavalo, laçando e tocando seu gado. São sérios, mas adoram uma boa festa e costumam trabalhar em sessões de descarrego.

Jetuá seu Boiadeiro.

Exercícios:

1 - Quem são os Boioadeiros?

2 - Sua Casa trabalha com a linha dos Boiadeiros? Como eles são?

3 - O que os Boideiros representam?

A Alegria dos Marinheiros!

"Ele é do mar, E vem pra trabalhar
É Capitão Honório, E vem pra ficar"

Aos poucos, eles desembarcam de seus navios e chegam em terra. Com suas gargalhadas, abraços e apertos de mão, são os marujos que vêm chegando para trabalhar nas ondas do mar.

A marujada coloca seus bonés e, enquanto trabalham, cantam, bebem e fumam. Bebem rum, cerveja, vinho e mais o que tiver. Fumam charuto e cigarro.

A gira de Marinheiro é bem alegre e descontraída. Eles são sorridentes e animados, não tem tempo ruim. Com palavras macias e diretas, eles vão bem fundo na alma dos consulentes e em seus problemas. Seu trabalho é realizado em descarregos, limpezas espirituais, consultas, no desenvolvimento dos médiuns e em outros trabalhos que possam envolver demandas.

Os Marinheiros trabalham na linha de Iemanjá e Oxum (povo da água) e trazem uma mensagem de esperança e muita força, dizendo-nos que se pode lutar e desbravar o desconhecido, do nosso interior ou do mundo que nos rodeia, se tivermos fé e confiança.

A gira de Marinheiro parece-se muito com uma grande festa, pela sua alegria e descontração, mas também existe um grande compromisso e responsabilidade no trabalho que é feito.

Salve o Povo da Linha das Águas!

Exercícios:

1 – Como a linha dos Marinheiros trabalham?

2 – Os Marinheiros trabalham na linha de quais Orixás e qual mensagem eles trazem?

3 – Quando fazemos uma festa para os Marinheiros, o que devemos oferecer?

4 – Você conhece alguma cantiga para a linha dos Marinheiros? Qual?

Ciganos na Umbanda

"Eu vi um formoso Cigano
Sentado na beira do Rio
Com seus cabelos negros
E os olhos cor de anil
Quando eu me aproximava o cigano me chamou
Com seus dados nas mãos
O cigano me falou
Seus caminhos estão abertos
Na saúde, na paz e amor,
Foi se despedindo e me abençoou
Eu não sou daqui, mas vou levar saudades,
Eu sou o Cigano Pablo, lá das Três Trindades."

A falange dos Ciganos e da linha do Oriente é muito antiga dentro da Umbanda. Os Ciganos agem no plano da saúde, do amor, do conhecimento, da prosperidade, e suportam princípios magísticos e têm um tratamento todo especial e diferenciado de outras correntes e falanges.

Trabalham preferencialmente na vibração da direita, e aqueles que trabalham na vibração da esquerda não são os mesmos espíritos de ex-ciganos, que se mantêm na direita, como não poderia deixar de ser, e ostentam a condição de Guardiões e Guardiãs.

O que existe são os Exus Ciganos e as Moças Ciganas, que são verdadeiros Guardiões a serviço da luz, cada um com seu próprio nome de identificação dentro do nome de força coletiva, trabalhando na atuação do plano negativo a serviço da justiça divina, com suas falanges e trabalhadores, levando seus nomes de mistérios coletivos e individuais de identificação.

Os Ciganos usam muitas cores em seus trabalhos, mas cada um tem sua cor de vibração no plano espiritual e uma outra cor de identificação é utilizada para velas em seu louvor. Os incensos são sempre utilizados em seus trabalhos, de acordo com o que se pretende fazer ou alcançar.

Os Espíritos Ciganos gostam muito de festas e todas elas devem acontecer com muitas frutas, que não levem espinhos de qualquer espécie, podendo-se encher jarras de vinho tinto com um pouco de mel, fatiar pães do tipo broa, passando em um de seus lados molho de tomate com algumas pitadas de sal e levá-los ao forno, por alguns minutos, muitas flores silvestres, rosas, velas de todas as cores e, se possível, incenso de lótus.

As saias das ciganas são sempre muito coloridas e longas, o baralho, o espelho, o punhal, os dados, os cristais, a dança e a música, moedas, medalhas são sempre instrumentos magísticos de trabalho dos Ciganos em geral. Eles trabalham com seus encantamentos e magias e os fazem por força de seus próprios mistérios, olhando por dentro das pessoas e dos seus olhos.

Uma das lendas ciganas diz que existia um povo que vivia nas profundezas da terra, com a obrigação de estar na escuridão, sem conhecer a liberdade e a beleza. Um dia, alguém resolveu sair e ousou subir às alturas e descobriu o mundo da luz e suas belezas. Feliz, festejou, mas ao mesmo tempo ficou atormentado e preocupado em dar conta de sua lealdade para com seu povo, retornou à escuridão e contou o que aconteceu. Foi então reprovado e orientado que lá era o lugar do seu povo e dele também. Contudo, aquele fato gerou um inconformismo em todos e, acreditando merecerem a luz e viver bem, foram aos pés de Deus e pediram a subida ao mundo dos livres, da beleza e da natureza. Deus, então, preocupado em atendê-los, concedeu e concordou com o pedido, determinando que poderiam subir à luz e viver com toda liberdade, mas não possuiriam terra nem poder, e em troca concedia-lhes o dom da adivinhação, para que pudessem ver o futuro das pessoas e aconselhá-las para o bem.

A Lenda do Encantado do Arco-Íris

Lenda contada pela Puri Dei Tsine Liza, do clã dos Lovari

Quem não conhece a lenda que diz que no final do arco-íris existe um pote de ouro?

Pois bem, em tempos distantes, quando os ciganos eram perseguidos e massacrados por povos bárbaros, viviam desesperados e sem perspectivas, pois não tinham como defender de tão acirrada perseguição, uma vez que os ciganos são pacíficos e não guerreiam, pois no lugar de armas portam seus violinos; no lugar de guerras, cantam suas canções e alegrias; no lugar de destruição, a beleza de suas danças; em lugar de morte, seus corações pulsam com a alegria de viver e da liberdade; e em lugar da fome, a mesa farta distribuída por todos. Difícil para esse povo ter que agredir ou mesmo matar para se defender. Assim, buscavam sempre bater em retirada, procurando a tão almejada paz, sem que para isso tivessem que recorrer à guerra.

Já cansados pela fuga com incontáveis perdas de parentes e amigos, na realidade seus clãs já quase disseminados e em total desespero, a aflição era a única força que os impulsionava para seguir em frente. Foi quando então, face a toda aquela situação e desespero, que a cigana..., ao ver o arco-íris, clamou com toda a força de sua alma, desejosa de salvar os poucos que restavam de seu clã e ao filho que estava em seu ventre, pretes a nascer em meio a toda aquela violência e miséria, dizendo:

– Deus do arco-íris, vós que atravessais os céus ligando a terra de uma extremidade a outra, eu, a cigana... Te evoco e Te imploro, nos salve e nos mostre a terra da paz.

E se jogando ao chão, chorou copiosamente. A cigana no fundo de sua alma esperava receber uma resposta, quando percebeu que as cores de arco-íris começavam a brilhar cada vez mais intensamente, alternando-se com rapidez. Secando as lágrimas dos seus olhos e imaginando estar vendo "coisas" em razão das lágrimas que ofuscavam seus olhos e sua visão naquele momento, pôde perceber que realmente as cores estavam se alternando com brilhos mais intensos e incomparáveis. Era como se fossem as cordas de um instrumento musical. E sons melodiosos começaram a soar como pequenos sinos emitindo sons divinos.

Sua alma então se aquietou, uma imensa paz a invadiu, quando inesperadamente ouviu uma voz dizendo:

– Cigana, a sina de seu povo será se espalhar pelo mundo todo, povoar as terras mais distantes, representando-se em sua beleza. O céu será seu teto, a terra seu palco e seu lar. Eu ofuscarei a visão dos seus perseguidores para seu povo partir em segurança, mas o filho que você carrega em teu ventre ficará comigo.

Nesse instante a cigana então segurou seu ventre com as mãos e gritou:

– Não, não me peça meu maior tesouro, ó Deus do arco-íris, eu te peço não tire a vida de meu filho!

Novamente então seguiu dizendo a voz do alto:

– Cigana, se aquiete, seu filho não perderá a vida, antes ele lhes dará a vida. Como um tesouro ele será guardado por mim. Ele fará com que minhas cores ganhem vida em suas vidas, suas mãos estarão eternamente suprindo todas as suas gerações com moedas de ouro, pois a ele será dado o pote encantado do eterno suprimento, e em minhas cores que vocês passarão a usar estará o encantamento, a magia, que fará a partir de agora parte de suas almas, pois seu filho encantado continuará para sempre animando-as em suas almas e espíritos. E com o verde levarão a esperança, a fartura; com o vermelho, a vida, o entusiasmo e o vigor; com o amarelo, a realeza, a riqueza; com o azul, levarão a serenidade, a intuição; com o laranja, a energia, a vitalidade, a emotividade; com o violeta, levarão a transmutação, perseverança; com o rosa, o amor, a beleza, a moralidade e a música.

E então, como num passe de mágica, a cigana viu seu filho flutuando e dando risinhos em direção ao arco-íris, envolto em suas cores cintilantes, formando-se em sua cabecinha, cachinhos de cabelos dourados, que caíam em forma de moedas de ouro. Quanto tempo se passara, a cigana não sabia, havia, pois, sido tomada por uma espécie de torpor e uma calmaria imensa havia envolvido sua alma.

Foi quando a cigana percebeu que estava em uma das extremidades do arco-íris e que de suas mãos saíam feixes de luz coloridos e nas mesmas cores do arco-íris. Viu então seu povo ao redor do lugar em que ela se encontrava anteriormente, encantados com as incontáveis moedas de ouro que não paravam de cair sobre eles. No local em que caíam as lágrimas que derramava, formava-se um lindo jardim de flores coloridas e das mesmas cores do arco-íris.

Desde então, os ciganos se dispersaram pelo mundo na irradiação do arco-íris, levando o encanto de suas roupas coloridas, a atração pelo ouro, conhecendo em suas almas e no relato intuitivo de seus antepassados que o colorido de suas roupas na realidade é o colorido da vida que eles tanto amam, e que o brilho do ouro é o brilho do tesouro mais valioso que é o dom de viver, e que ao final do arco-iris existe um pote de ouro inesgotável a supri-los.

Santa Sara Kali

Conta a lenda que Maria Madalena, Maria Jacobé, Maria Salomé, José de Arimateia e Trofino, junto com Sara, uma cigana escrava, foram atirados ao mar, em uma barca sem remos e sem provisões.

Desesperadas, as três Marias puseram-se a orar e a chorar. Aí então Sara retira o diklô (lenço) da cabeça, chama por Kristesko (Jesus Cristo) e promete que se todos se salvassem ela seria escrava de Jesus, e jamais andaria com a cabeça descoberta em sinal de respeito. Milagrosamente, a barca sem rumo e à mercê de todas as intempéries atravessou o oceano e aportou com todos salvos em Petit-Rhône, hoje a tão querida Saintes-Maries-de-La-Mer. Sara cumpriu a promessa até o final dos seus dias.

Sua história e milagres a fizeram Padroeira do Povo Cigano, sendo festejada todos os anos nos dias 24 e 25 de maio. Segundo o livro *Lilá Romai: Cartas Ciganas*, escrito pela cigana Mirian Stanescon, deve ter nascido desse gesto de Sara Kali a tradição de toda mulher cigana casada usar um lenço, que é a peça mais importante do seu vestuário: a prova disso é que quando se quer oferecer o mais belo presente a uma cigana se diz: "Dalto chucar diklô" (Te darei um bonito lenço). Além de trazer saúde e prosperidade, Sara Kali é cultuada também pelas ciganas por ajudá-las diante da dificuldade de engravidar. Muitas que não conseguiam ter filhos faziam promessas a ela, no sentido de que, se concebessem, iriam à cripta da Santa, em Saintes-Maries-de-La-Mer, no sul da França. Fariam uma noite de vigília e depositariam em seus pés como oferenda um diklô, o mais bonito que encontrassem. E lá existem centenas de lenços, como prova que muitas ciganas receberam esta graça.

Para as mulheres ciganas, o milagre mais importante da vida é o da fertilidade, porque não concebem suas vidas sem filhos. Quanto mais filhos a mulher cigana tiver, mais dotada de sorte ela é. A pior praga para uma cigana é desejar que ela não tenha filhos, e a maior ofensa é chamá-la de DY CHUCÔ (ventre seco). Talvez seja este o motivo de as mulheres ciganas terem desenvolvido a arte de simpatias e garrafadas milagrosas para fertilidade.

Oração a Santa Sara Kali

Minha Mãe e querida Sara Kali, que em vida atravessastes os mares e com vossa fé levastes à vida novamente todos que contigo estavam;
Vós que Divina e Santa sois amada e cultuada por todos nós, mãe de todos os ciganos e do nosso Povo, Senhora do amor e da misericórdia, Protetora dos Rom,
Vós que conhecestes o preconceito e a diferença,
Vós que conhecestes a maldade, muitas vezes dentro do coração humano,
Olhai por nós.
Derramai sobre vossos filhos, vosso amor, vossa Luz e vossa paz.
Dai-nos vossa proteção para que nossos caminhos
Sejam repletos de prosperidade e saúde.
Carregai-nos com vossas mãos e protegei nossa liberdade, nossa família, e colocai no homem mais fraternidade.
Derramai vossa Luz nas vossas filhas, para que possam gerar
a continuação livre do nosso povo.
Olhai por nós em nossos momentos de dificuldade e sofrimento, acalmai nossos corações nos momentos de fúria, guardai-nos do mal e dos nossos inimigos,
derramai em nossas cabeças vossa Paz, para que em paz possamos viver abençoai-nos com Teu amor, Santa Sara Kali,
que ao Pai celestial possas levar nossas orações e abrandar nossos caminhos.
Que Vossa Luz possa sempre aumentar em Teu Amor, misericórdia e no Pai.
E que assim sejas louvada para todo o Sempre.

Exus

"O sino da Igrejinha faz delem, delon
Deu meia-noite o galo já cantou
Seu Tranca-Rua que é o dono da gira
Oi corre gira que Ogum mandou."

Exu é um termo originário do idioma iorubá, da Nigéria, na África, que representa o vigor, a energia que gira em espiral.

Engana-se aquele que pensa que o Exu Guardião existe apenas para fazer o mal ao ser humano.

Exu é uma entidade animada, gozadora, alegre, extrovertida, sincera e, sobretudo, amiga. Exu é o Guardião dos caminhos, lutador contra o mal, sempre de frente, sem medo, sem mandar recado. É o Guardião das pilastras da Criação.

Os Exus são verdadeiros cobradores do carma e responsáveis pelos espíritos humanos caídos; são o braço armado e a espada divina do Criador nas trevas, combatendo o mal e sendo responsáveis pela estabilidade astral na escuridão. Em seus trabalhos, eles ajudam as pessoas a conseguirem o que necessitam dentro do plano material, tudo o que diz respeito à parte financeira, dão proteção, cortam demandas, desfazem trabalhos e feitiços.

Se pedirmos só coisas boas e de bom coração, será nos cobrado o que devemos de uma forma, mas se pedirmos o mal de alguém ou coisas ruins, seremos cobrados de outra forma. É nosso dever explicar para as pessoas que fazem seus pedidos, pois os leigos, que não conhecem nossa religião, que não creem na Umbanda como uma religião, acreditam que podem pedir o que quiser, principalmente para as entidades da esquerda, Exus e Pombagiras, mesmo o mal dos outros, pois se vier a acontecer o que eles pediram, julgam que nada estão devendo, pois quem fez o mal não foi ele mas sim o Exu ou a Moça, o que é um grande engano, pois o Exu trabalha como um cobrador de carma. Ele está ali para atender o que lhe for pedido, desde que a pessoa pague o seu preço. O mal é que as pessoas acham que só porque o Exu pediu uma garrafa de pinga ou cem, um charuto ou cem, etc. ele já pagou sua dívida e não tem nada a ver com o mal que acometeu àquela pessoa através de seu pedido, pois é comum ouvirmos as pessoas dizerem: "mas eu paguei o que eu pedi para o Exu, não devo nada".

Porém a pessoa se esquece que através daquele pedido seu, àquela entidade, ele desviou o caminho de muita gente inocente. Por exemplo, se alguém pede a um Exu que "tire do seu caminho" uma pessoa, e isto se realiza através do desencarne daquela pessoa, quem fez o pedido ficou livre daquele que estava impedindo seu caminho e pode prosseguir seu caminho livremente, porém e aquelas pessoas que dependiam daquela pessoa? Onde estão, como continuam vivendo sem aquela pessoa? Aquela criança que poderia ter uma vida boa e saudável, pois tinha um pai e uma mãe, agora vive sozinha em casa, trancada, com responsabilidades que antigamente não tinha, a mãe que não trabalhava, muitas vezes sem estudos, agora terá de aceitar qualquer tipo de emprego, para não deixar que seus filhos morram de fome. Aquela mãe que poderia viver mais vinte anos e que de tristeza por perder o filho antes do tempo, acaba também por desencarnar antes do tempo, a assim sucessivamente, tudo isto é responsabilidade pura daquele que **pediu** o desencarne daquela pessoa e não da entidade que **realizou** o trabalho. Pois na verdade não é a própria entidade que realiza esse tipo de trabalho, pois se Ele é um Guardião da Luz nas Trevas, Ele não se prestará a esse tipo de serviço; porém como cobrador do carma Ele solicita que um de seus "serviçais" realize o trabalho, pois a pessoa que pediu aquilo usou de seu livre-arbítrio para pedir e conscientemente pediu a morte de alguém. Por isso é muito importante que o cambono esteja sempre perto da entidade para saber o que está sendo pedido naquele momento, pois muitas Casas não permitem que seja realizado este tipo de pedido, e quando o cambono se deparar com um pedido desses, deve intervir e dizer para a pessoa na frente da entidade que naquela Casa não é permitido fazer aquele tipo de trabalho. A entidade na maioria das vezes acata, pois respeita muito as regras da Casa onde trabalha, e o ponto de vista daquela pessoa que está lhe emprestando o corpo naquele momento, pois a entidade sabe que se a pessoa se aborrecer de forma muito grave com a religião, corre o risco de nunca mais voltar a trabalhar e, consequentemente, aquela entidade perderá um de seus aparelhos e um local de trabalho. Porém, se a entidade aceitar fazer o trabalho, o cambono deve humildemente ouvir tudo com muita atenção e anotar tudo o que for dito, tanto pela entidade como pela pessoa que fez o pedido, para posteriormente conversar com o aparelho da entidade e buscar saber o porquê do pedido ter sido aceito, mesmo sendo contrário às regras da Casa.

Muitas pessoas dirão "Deus me livre, eu jamais me ajoelharei diante de um Exu ou de uma Pombagira". Infeliz é aquele que pensa assim, pois o que seria da luz se não existissem aqueles que cuidassem dela também nas trevas. Provavelmente a luz deixaria de existir, pois os Exus e as Pombagiras guardam a passagem das trevas para a luz, é o meio. Se não existisse quem cuidasse dessa passagem, muito provavelmente os espíritos dos baixos trevosos, aqueles que não possuem luz, invadiriam a luz e tudo viraria uma tremenda bagunça, pois eles se apossariam de tantos espíritos novos, de tantos espíritos que ainda não podem compreender bem as coisas, porém são espíritos bons, só não têm o conhecimento necessário e acabariam por levá-los para baixo, tornando nosso mundo um tremendo caos. Seria a mesma coisa que não existir a lei divina. Pois já diz o ditado "Me digas com quem andas e te direis quem sois", imagina uma cidade sem lei, sem policiais, sem fórum, o que seria dela? Qual é a tendência atual do ser humano? É a violência, a cobiça, o que geraria a falta de caráter total, e isso nos levaria ao caos. O mesmo ocorre no plano espiritual. Os Exus e as Moças atuam como policiais e não podem permitir que os espíritos dos baixos trevosos "fujam" de seus lugares de origem para subirem para a luz, pois isso com certeza poderia não acabar com a luz, porém iria deixá-la bastante nublada. Então é baseada nisso que lhes digo que eu me ajoelho para os Guardiões e Guardiãs da Luz nas Trevas e que Eles merecem todo o meu respeito, carinho e admiração. Pois quando um espírito já tem o merecimento de subir para a luz, quem auxilia nesse sentido são

Eles, que estendem suas mãos para esses espíritos, ou permitem a entrada e protegem a estada de protetores de luz em busca desses espíritos que um dia caíram em seus reinos e que hoje já resgataram parte de seus carmas, tendo a permissão de prosseguir no caminho de sua evolução espiritual.

Eu digo que permitem a entrada, pois, para que um protetor de luz adentre nas trevas, é necessário que ele tenha a ajuda de um espírito que tenha sua energia negativa, pois um protetor de luz tem a energia positiva e levaria um grande choque se adentrasse nas trevas sozinho, então ele conta com o auxílio dos Guardiões e Guardiãs para que se disfarce e possa entrar em um território que não é compatível com sua energia natural, normalmente cobrindo-se com um manto que esconda totalmente sua luz, imantando-o do lado de fora do manto com energia negativa para que possa assim andar livremente pelas trevas à procura dos espíritos necessitados de sua ajuda e não permitindo que ninguém ali saiba ou perceba tratar-se de um espírito de luz. Se por ventura ele for descoberto, os Guardiões de Luz certamente intervirão a seu favor travando verdadeiras batalhas para socorrê-lo.

Quando o Guardião da Casa chegar, todos os filhos devem se abaixar ou ajoelhar para saudá-lo e recêbe-lo, em sinal de respeito, admiração e humildade, pois é a ele que fazemos todos os nossos pedidos, seja de saúde, de dinheiro, de amor, de harmonia, etc. Então a eles devemos nosso respeito e admiração.

Esses espíritos optaram por prosseguir sua evolução espiritual por meio da prática de caridade, incorporando nos terreiros de Umbanda. Apesar de as imagens de Exus fazerem referência ao "Diabo" medieval (herança da Igreja Católica e do sincretismo religioso), eles não devem ser associados à prática do "Mal".

Dia: segunda-feira.

Bebida: marafo (pinga) ou *whisky*.

Cor: preto, vermelho e às vezes branco.

Instrumento: tridente quadrado.

Domínio: cemitérios e encruzilhadas.

Saudação: Laroyê.

Comida: farofa.

Flor: cravos vermelhos.

Ligue os pontos:

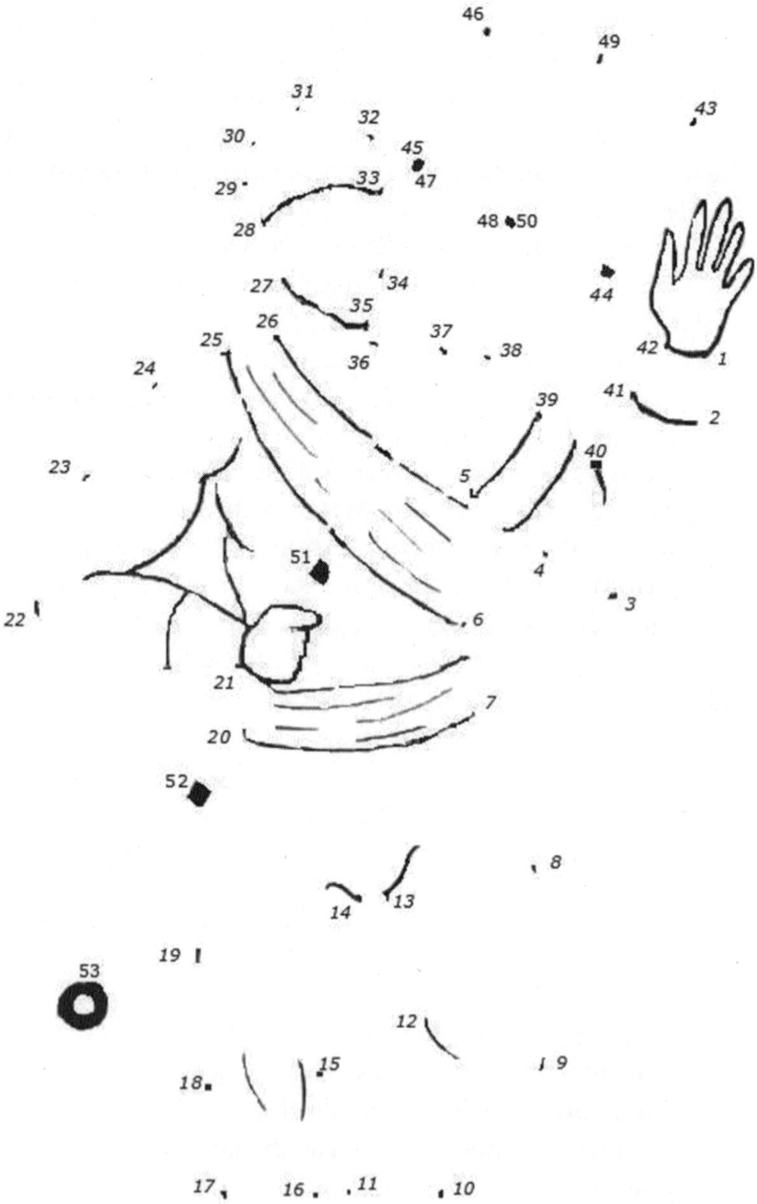

Os números 45/47 e 48/50 ocupam o mesmo ponto, devendo ser uma linha única de ida e volta.

Para Refletir:

"... Atrevendo-se, certa vez, a subir à superfície, na ânsia louca de **livrar**-se daquele horror, enquanto era acometido pelo furor de seus vergões, nosso irmão sentiu suas dores dobrarem, mas como se fosse fisgado por uma lâmina fria e curva, foi arrastado e puxado para baixo em grande velocidade, o que o fez permanecer em seu **lamento**, por longo período, e ao sentir esse **martírio**, clamou por Mirna pela primeira vez, em **suplícios** de socorro, contorcendo-se em seu pesar, bradando com todo o seu ser:

- **Pai**, sei que não sou digno de Vosso nome, sei que não mereço Vosso **amor**, sei que traí Vossa causa e minha origem e que aqui estou **condenado** a viver. Sei que me impuseste a dor e o **desespero**. Sei que na escuridão devo carregar meu **sofrimento** e perecer sem amor ou piedade. Mas, no desterro de Vossa Luz, Senhor, **aprendi** a amar-Vos como nunca amei.

Pai, cujo amor deve abrasar a Terra, **abrandai** minha dor e meu desespero!

Senhor que criou a **Luz** e as **Trevas**, deixai-me beber em Vossa **misericórdia divina** e servir-Vos em Vossa **Lei**.

Senhor, dai-me **forças** para suportar a dor, cujo sofrimento, em Vosso nome, tento **merecer**.

O remorso me consome, Senhor. Deixai-me provar, só um pequenino instante, Vosso amor.

Pai, de Vós fui criado, **perdoai** minha vergonha e minha insensatez, sinto-me sujo, tão pequeno e tão ansioso de amar.

"Perdoai-me, meu Pai!"

Nesse instante o **silêncio** fez-se profundo e, agachado em sua fala, nosso irmão percebeu que seus vergões se fecharam e não mais lhe provocavam dor."

Trecho extraído do livro O Guardião Tranca-Rua, *pelo espírito Mestre Lucius, canalizado por Nelson Pires Filho, Madras Editora.*

Caça-Palavra

Encontre no quadro abaixo as palavras em negrito do texto anterior:

A	D	A	F	S	H	I	L	D	A	G	U	N	M	F	O	R	Ç	A	S
B	P	E	I	O	S	I	L	E	N	C	I	O	I	T	A	U	K	T	A
R	U	O	F	E	O	R	A	S	O	L	D	A	F	S	H	I	L	O	L
A	T	A	U	K	F	J	V	E	K	A	O	I	I	S	P	U	R	I	T
N	I	R	I	T	R	E	I	S	P	I	R	I	M	E	R	E	C	E	R
D	G	T	B	A	I	O	F	P	P	G	T	B	A	E	U	L	T	C	E
A	E	I	A	P	M	I	S	E	R	I	C	O	R	D	I	A	M	A	V
I	O	F	P	U	E	O	F	R	I	R	O	I	T	H	I	M	Y	Z	A
F	A	U	R	T	N	A	U	O	G	T	N	F	I	I	R	O	K	A	S
L	A	M	E	N	T	O	S	T	Y	E	D	U	R	H	V	R	L	T	S
I	G	T	N	E	O	D	L	U	Z	N	E	I	I	T	U	O	F	E	U
V	Y	E	D	O	J	V	A	O	U	I	N	B	O	I	T	A	U	K	T
R	C	D	I	V	I	N	A	N	T	U	A	R	D	I	R	C	L	A	Y
A	H	I	L	K	A	I	Ş	P	E	R	D	O	A	I	T	U	O	F	E
R	O	O	I	L	T	M	É	A	N	U	O	A	R	I	Y	I	S	D	E
R	D	I	R	C	L	A	Y	I	O	L	D	A	F	S	H	I	L	O	L

Para refletir:

Prece de Exu

Sou Exu, Senhor meu Pai, permite que assim te chame, pois na realidade, Tu o és, como és meu criador. Formaste-me da poeira ástrica, mas como tudo que provém de Ti, sou real e eterno.

Permite, Senhor, que eu possa servir-te nas mais humildes e desprazíveis tarefas criadas pelos teus humanos filhos. Os homens me chamam de Anjo Decaído, de povo traidor, de Rei das Trevas, de Gênio do mal e de tudo o mais em que encontram palavras para exprimir o seu desprezo por mim; no entanto, nem suspeitam que nada mais sou do que o reflexo deles mesmos. Não reclamo, não me queixo porque esta é a Tua vontade.

Sou escorraçado, sou condenado a habitar as profundezas escuras da terra e trafegar pelas sendas tortuosas da provação.

Sou invocado pela inconsciência dos homens a prejudicar seus semelhantes. Sou usado como instrumento para aniquilar aqueles que são odiados, movidos pela covardia e maldade humana, sem contudo poder negar-me ou recorrer.

Pelo pensamento dos inconscientes, sou arrastado a exercer a descrença, a confusão e a ignorância, pois esta é a condição que Tu me impuseste. Não reclamo, Senhor, mas fico triste por ver Teus filhos que criaste a Tua imagem e semelhança serem envolvidos pelo turbilhão de iniquidades que eles mesmos criam, e eu, por Tua lei inflexível, delas tenho que participar.

No entanto, Senhor, na minha infinita pequenez e miséria, como me sinto grande e feliz quando encontro em algum coração um oásis de amor e sou solicitado a ajudar na prestação de uma caridade.

Aceito sem queixumes, Senhor, a Lei que, na Tua infinita sabedoria, me impuseste, a de executor de consciência, mas lamento e sofro mais porque os homens, até hoje, não conseguiram compreender-me.

Peço-te, oh Pai infinito, que lhes perdoe.

Peço-te, não por mim, pois sei que tenho de completar o ciclo da minha provação, mas por eles, os teus humanos filhos.

Perdoa-os, e torna-os bons porque somente através da bondade do Seu coração, poderei sentir a vibração do Teu amor e a graça do Teu perdão.

(Exu Tiriri)
Esta prece foi psicografada por A.J Castro, da cabana de Lázaro.

Exu:

Ele é a força que equilibra e mantém a todos no caminho da evolução!

O equilíbrio é conseguido quando conseguimos nos sobrepor às dificuldades pelo aproveitamento das influências positivas. Exu é o momento inicial de tudo, onde a falta de conhecimento é superada pela evolução e então aparecem as soluções para os males. Exu não é o Diabo como muitos afirmam. Ele não é a maldade, ele não é o sofrimento nem a solidão. Ele é o vento, é o sorriso, é a rebeldia, é a luta pela vitória. Ele é a própria vitória e a alegria por tê-la conseguido. Ele é o trabalho e a evolução, é o respeito e a admiração. É a elegância, a arrogância, a cortesia, a gentileza, a dolência, a malemolência, a malandragem, é até mesmo o trabalho. Enfim ele é, o que se pedir para ele ser. Ele é o limiar da espiritualidade com a humanidade. Ele entende os dois. Ele chora com a tristeza do filho e ri com a sua vitória. Ele bebe, ele fuma, ele dança, ele é a festa. Ele é exatamente como gostaríamos de ser. Nos momentos de trabalho, trabalhamos; nas festas dançamos, sorrimos, nos alegramos e nem por isso nos consideramos demônios.

Mensagem recebida por Pedro Rangel T. de Sá

Pombagira

"De vermelho e negro,
Um vestido a noite,
O mistério traz
Um calor de contas,
Brincos dourados,
A promessa faz
Se é preciso ir,
Você pode ir,
Peça o que quiser
Mas cuidado amigo ela é bonita,
Ela é mulher
E no canto da rua
Zombando, zombando, zomban-
do está
Ela é moça bonita,
Oi girando, girando, girando está
Oi girando está o lê rê,
Oi girando está o lá rá",

Pombagira é um termo derivado da palavra Bongbogirá, assim pronunciado possivelmente por influência do tempo e das gerações, de informações na sua forma de pronúncia, compreendendo-se que o termo assim pronunciado desejou alcançar, palavra de origem do idioma banto, de Angola, na África, que significa Exu, e com o passar dos tempos, no Brasil, acabou significando Exu feminino, incorporando as linhas e as falanges da Umbanda.

Na verdade, trata-se da referência para indicar as Moças que giram na Umbanda, na corrente do plano negativo nas giras de Exu, verdadeiras Guardiãs e entidades de raro valor, ao contrário de muitos conceitos e definições apresentados até então.

Pombagira é uma entidade de grande poder, capaz de auxiliar aos que creem em sua força. É considerada Rainha na Umbanda e no Candomblé, majestosa e deslumbrante, uma mulher maravilhosa que pode ajudar a todos que confiem nela. Gosta de *champagne rosè* ou bebida doce, de cigarro e cigarrilha, adora rosas vermelhas, gosta de andar bem arrumada e perfumada, gosta de colares, anéis e adornos. É especialista em casos de amor, prosperidade, saúde ou para afastar pessoas indesejadas de seu convívio.

É comum ouvirmos dizer que Pombagira é o espírito de uma mulher que em vidas passadas teria sido de baixos princípios morais, amante do luxo e do dinheiro, porém isto é um grande engano; as moças são entidades como os Exus, trabalhadoras da Lei.

Essas entidades, como praticamente todas as outras que trabalham nos terreiros de Umbanda, sempre chegam para ajudar, por meio da magia, quem precisa e busca ajuda.

Saudação: Laroyê.
Cores: preto e vermelho.
Domínio: cemitérios e encruzilhadas.
Instrumento: tridente redondo.
Dia da semana: segunda-feira.
Comida: farofa.

A Pombagira da Vida
Mensagem de uma Guadiã

Mensagem recebida por Pedro Rangel T. de Sá

Certa vez eu estava andando pelas ruas, a altas horas da madrugada, pensando na vida e nas coisas pertinentes a ela quando, perto de uma encruzilhada, uma imagem chamou sensivelmente minha atenção: era uma mulher extremamente bela, dessas de corpo perfeito, olhos esverdeados e cabelos negros, sedosos, ondulados e que chegavam à altura da cintura.

Confesso que com estes nossos tempos de violência desenfreada fiquei, primeiramente, muito preocupado com a segurança da moça que era extremamente linda, mas depois fiquei mesmo preocupado é com a minha segurança porque, afinal, e se a bela moça, poucos metros a minha frente, fosse a isca para uma armadilha de assalto? E se a moça fosse a própria assaltante? E se nós fôssemos vítimas de alguma violência? E se......

– ....Moço, por favor, não tenha medo pode se aproximar.

Eu estava realmente receoso de aceitar o convite e confesso que cheguei até mesmo a pensar em dar meia volta e sair correndo com todas as forças de meu ser, mas o seu olhar ao fazer o convite fora tão enfeitiçador que não pude resistir e acabei me aproximando. Ao chegar mais perto, ela me fez um convite minimamente inusitado pedindo que eu ficasse ao seu lado e aguardasse alguns instantes, porque em pouco tempo ela começaria a receber algumas pessoas.

– Tô lascado, meu Deus do céu – foi o que pensei, já imaginando que aquela mulher era dessas de vida fácil. Mas só foi eu pensar nisso que ela se virou para mim e deu um sorriso tão maravilhoso com seus dentes alvos e sua boca perfeita que meu corpo, assim, começou a aquecer-se e a ficar todo arrepiado!!! Pode parecer até loucura, mas eu tinha a nítida sensação que ela podia ler os meus pensamentos.

Pensei em perguntar o seu nome, não no intuito de paquerá-la já que sua imagem provocava em mim um tremendo respeito, mas sim com o intuito de iniciar algum tipo de entendimento, só que eu não conseguia porque qualquer olhar, sorriso, gesto ou fala que ela me direcionava despertava em meu emocional emoções tão reais, intensas e indescritíveis que, temendo explodir meu coração, eu preferi silenciar.

– Está vendo, moço – disse a bela mulher expulsando meus pensamentos, está chegando meu primeiro convidado; não se preocupe que todos aqueles que aqui vierem a ter comigo serão incapazes de enxergá-lo.

Eu balancei a cabeça assentindo que estava tudo bem, apesar de estar achando tudo muito estranho, e procurei ficar bem atento com a conversação que estava para se iniciar.

– Boa noite, moço!

– Boa noite, dona....

– Você está fazendo um curso pré-vestibular, mas de algumas semanas pra cá não tem conseguido se concentrar nos estudos, certo?

– É, é isso mesmo!

– É só ameaçar pegar os seus livros para estudar que você começa a sentir um sono terrível, não é?

– Sim, disse o jovem rapaz que não deveria ter mais do que 17 anos.

– Olha, moço, eu estou autorizada a lhe dizer que você está com problemas nos campos do conhecimento e necessitado de estimulação nesta área, mas também que se quiser melhorar, eu tenho permissão para ajudá-lo, tudo bem?

– Sim, tudo bem!

Nesse momento a bela mulher fechou os olhos como se estivesse a fazer algum tipo de oração e entrelaçou os dedos das duas mãos, posicionando as palmas voltadas para o solo; então uma espécie de luz azul-claro bastante irradiante surgiu em suas mãos e ela as depositou em cima dos joelhos do jovem; este deu um suspiro profundo e, como se fosse feito de fumaça, desapareceu da minha frente. A linda moça, então, colocou as duas mãos nos quadris e soltou uma gargalhada que arrepiou todo o meu corpo. Em breves instantes uma outra pessoa já se encontrava em frente da bela mulher, desta vez era uma pessoa do sexo feminino por volta de seus 45 anos.

– Boa noite, moça!

– Boa noite, dona.....

– Hoje você está aqui comigo em busca de um equilíbrio na sua vida porque seu ex-marido está judicialmente tentando tirar de você a guarda de seu único filho, ou seja, um problema nos campos da justiça, certo?

– É isso mesmo!

– Tenho permissão para ajudá-la, peço que feche os seus olhos e se concentre, tudo bem?

E dizendo isso a bela mulher novamente fechou os olhos e entrelaçou os dedos das duas mãos, posicionando as palmas voltadas para o solo; e outra vez, após estas terem tomado uma coloração azulada, ela as colocou em cima do joelho da simpática dama. Esta também deu um suspiro e desapareceu diante de minhas vistas. Então a bela mulher soltou mais uma gargalhada e me pediu que prestasse bastante atenção porque naquela noite, por parte dela, eu só escutaria mais cinco gargalhadas. Eu assenti com a cabeça dizendo que sim e pude perceber que estava chegando mais uma pessoa, desta vez um homem com aproximadamente 30 anos.

– Boa noite, moço!

– Boa noite, dona.....

– Hoje você está aqui porque está se sentindo perdido na vida, sem senso de direção, ou seja, depois de tanto bater cabeça querendo que o Divino Criador fizesse a sua vontade você percebeu que tudo foi inútil e agora deseja submeter-se à vontade Dele, assim como também deseja que Este dê um rumo à sua vida resolvendo este problema nos campos da lei, certo?

– Sim, é isso!

– Bem, moço, para sua felicidade eu tenho a permissão de ajudá-lo, feche os olhos, tudo bem?

Dizendo isso, novamente a bela mulher concentrou suas mãos tomadas de uma coloração azulada e as depositou em cima do joelho do rapaz; depois ela deu mais uma gargalhada e se ajeitou para conversar com a próxima pessoa que, por sua vez, era uma senhora com uns 50 anos de idade.

– Boa noite, moça!

– Boa noite, dona.....

– Apesar dos insistentes esforços em estar lhe esclarecendo, você está aqui mais uma vez para reclamar sobre os membros da congregação religiosa à qual pertence e para, mais uma vez, dizer que a fofoca está demais e que está perdendo a fé porque não consegue entender como o Divino Criador pode permitir tanto ti-ti-ti dentro de uma Casa de Oração, certo?

– Sim!

– Este já é o 11º templo religioso que você procurou para frequentar em menos de 12 meses, certo?

– Certo.

– Bem, moça, a ajuda que eu posso lhe oferecer é no sentido de estar desiludindo o seu sentido de religiosidade, de estar lhe esclarecendo o fato de que não existe a instituição religiosa perfeita, porque perfeito só o é o Criador, tentando, assim, resolver este problema nos campos da fé, você aceita minha ajuda?

- Sim!!!

E a bela mulher depositou suas mãos coloridas de uma belo azul em cima do joelho da senhora com quem conversava para, logo depois de realizado este trabalho, soltar mais uma gargalhada. Instantes depois já estava à frente da bela mulher um senhor por volta de seus 50 anos de idade, ela o cumprimentou:

- Boa noite, moço!

- Boa noite, dona....

- Você tem tudo para estar feliz, não é moço? Dez anos de casamento, um belo filho, uma esposa dedicada, um ótimo emprego e dois belos carros. Contudo, já faz mais de dois anos que tem a nítida impressão que sua vida está parada, não é? O que antes você fazia com prazer hoje parece que faz obrigado. Mesmo não tendo deixado de gostar das coisas que sempre gostou, você tem a percepção de ter perdido por elas todo o apreço, não é?

- Sim!

- Olha, moço, isto acontece com você porque está apatizado nos campos da caridade. É necessário perceber que dar o conforto àqueles que amamos é importante, mas cuidar daqueles que são nossos irmãos por paternidade Divina é essencial para se alcançar o caminho da evolução que leva ao Divino Criador, você não acha?

- Sim!

- Deseja seguir o caminho da caridade?

- Sim!

- Então feche os olhos!

E dizendo isso a bela mulher colocou suas mãos encantadoramente coloridas de azul em cima do joelho do senhor com quem acabara de conversar e, logo após, soltou mais uma gargalhada.

Imediatamente apareceu à frente da bela mulher uma mocinha por volta de seus 23 anos de idade e que se encontrava com os olhos inchados e molhados de lágrimas.

- Boa noite, moça!

- Boa noite, dona.....

- Anime-se, moça, depois de três longos anos parece que você recebeu a bênção de ser mãe, não alimente a dúvida e a incredulidade, pois em pouco tempo você será agraciada com a oportunidade de estar gerando dentro de si a vida de um belo rebento. Estou aqui para dar início à preparação de seu corpo físico e espiritual, nas atribuições que me competem, para que você possa praticar o divino sacerdócio da maternidade, finalizando, assim, este problema nos campos da geração da vida, tudo bem?

– Sim!

– Então feche os olhos.

E dizendo isso a bela mulher colocou suas mãos qualificadas com azul anil em cima do joelho da jovem; esta deu um suspiro profundo e, da mesma forma imediata que chegou, ela foi-se. A bela mulher, então, colocou as duas mãos na cintura e deu mais uma gargalhada.

A seguir, à frente da bela mulher, surgiu uma pessoa do sexo feminino por volta de seus 35 anos.

– Boa noite, moça!

– Boa noite, dona.....

– Pois é, moça, quanto sofrimento por um sujeito que, como homem, não mereceria nem o seu respeito, quiçá um de seus maiores tesouros e de todas as mulheres, que é o seu sentimento de amor. Não adianta você ficar insistindo em querer ficar voltando para ele, ele está em sintonia com outras coisas, procure você sintonizar-se com o Criador. Insistir não vai adiantar nada, chorar também não; você precisa é agregar novos valores e conceitos em sua vida, principalmente em seu emocional, e será a partir deste acontecimento que você retomará seu equilíbrio emocional e evoluirá nos campos do amor, certo?

– Sim!

– O Divino Criador hoje lhe concedeu a oportunidade de estar readquirindo a paz em seu coração por meio de meus atributos e atribuições, e de assim ser resolvido este seu problema nos campos do amor, você assim deseja?

– Sim!

– Então feche os seus olhos.

Então, dizendo isto, a bela mulher depositou as suas mãos tomadas por uma tonalidade azul em cima do joelho da pessoa com quem conversava e esta, assim como todas as outras anteriores, soltou um profundo suspiro e desapareceu. A bela mulher, assim, colocou suas mãos sobre a cintura e, pela sétima vez, pôs-se a gargalhar.

Então, instantaneamente, apesar de saber que ainda estava na encruzilhada, eu tive a sensação de que estava em um outro lugar. Tudo isto eu estava a pensar sem tirar os olhos dos belos olhos da bela mulher. Ela, então perguntou para mim:

– Então, moço, já descobriu quem eu sou?

– Sim, creio que a senhora é uma entidade da Umbanda, conhecida como Pombagira.

– Exatamente! E você sabe o que veio fazer aqui?

– Observar a senhora atender várias pessoas?

– Com que finalidade?

– Ah, isto eu não sei. Eu só sei que via a senhora esclarecendo as pessoas para depois oferecer a sua ajuda, digo, aquela que está no campo de suas atribuições e atributos. Daí então a senhora fechava os olhos, cruzava os dedos das mãos voltando-as para o solo e, após elas ficarem azuis, a senhora as depositava nos joelhos das pessoas. Agora a finalidade eu não sei, porque não entendi o "lance" da cor azul.

– Bem, moço, noto que você é curioso, mas vamos por partes: primeiro, ao fechar os meus olhos, como você bem observou, eu evoco o mistério da linha de Umbanda à qual eu estou fatorada; desta forma parte do meu mistério você percebeu, como uma coloração azul opalina que viu em minhas mãos, ao qual eu procuro honrar e trabalhar depositando-as em cima dos joelhos dos assistidos para que este meu mistério possa alcançar os chacras e sentidos que estiverem problemáticos.

– Mas por que a senhora trabalha na irradiação energética de parte de seus mistérios nas pessoas através dos joelhos delas?

– Moço, não sou apenas eu, mas toda Pombagira trabalha desta forma, e isto se dá pelo fato de os joelhos serem a melhor porta de acesso para realizarmos nosso trabalho.

– Como assim?

– Bem, moço, toda Pombagira trabalha através do chacra básico das pessoas, porque ele é a porta de acesso mais direta para estarmos estimulando os chacras que estiverem mais necessitados. É por meio dele que podemos trabalhar os demais, e os joelhos são a forma de contato mais prática de estarmos acessando o chacra básico, entendeu?

– Mais ou menos.

– Bem, moço, vou lhe dar um exemplo. Você notou que uma das pessoas a que eu assisti esta noite encontrava-se "com a vida ganha", mas desmotivada de estar realizando as tarefas mais básicas de sua vida, certo?

– Sim.

– No caso dessa pessoa a desmotivação era proveniente de sua apatia nos campos da caridade; ou seja, ela pouco realizava em benefício do próximo estando, assim, apatizado nos campos da evolução, porque é a caridade a maior responsável pela evolução do espírito, certo?

– Sim.

– Pois bem, detectado o problema e tendo permissão do Criador para resolvê-lo, eu poderia até evocar o meu mistério e impor diretamente minhas mãos em cima do chacra que é regido pela linha de Umbanda responsável pela evolução, mas sendo eu uma Pombagira, ou seja, um espírito estimulador dos desejos e, de certa forma, até mesmo da vida, tendo em vista que sem desejos um ser humano não vive, nada mais pertinente para eu realizar o meu trabalho do que irradiar as minhas energias pelos joelhos do assistido, que é onde se reflete a energia do chacra responsável pelo sétimo sentido da criação Divina ou, se você quiser, o chacra da vida que é o chacra básico. Entende?

– Sim, senhora.

– Após o chacra básico do assistido em questão ter absorvido a energia doada por mim, esse chacra conduz essa energia naturalmente para o chacra umbilical a fim de que este irradie a energia de transmutação que foi por mim estimulada. Enfim, entenda que nós, as Pombagiras, temos a nossa forma de trabalho e devemos segui-la à risca se quisermos trabalhar pelo Criador junto à religião de Umbanda, entendeu?

– Sim, senhora!

– Bem, isso entendido, deixe eu lhe explicar sobre a coloração de minhas mãos que, aliás, reside no fato de meu mistério estar fatorado na linha de Umbanda que é responsável pela geração da vida, então, quando eu evoco o mistério, junto com ele vem uma coloração que representa esse mistério que, no caso, é a azul-claro, entendeu?

– Sim, senhora. Isso quer dizer que as Pombagiras irradiam uma energia estimuladora, é isso?

– Exatamente. Cada uma de nós irradia uma energia que estimulará aquilo que estiver dentro de nossos atributos e atribuições.

– Como assim?

– Isso varia bastante.

– Perdão? Não entendi!

– Você é curioso, não é, moço?

– Sim, senhora.

– Tentarei lhe esclarecer até onde você tenha condições de entender. Eu, por exemplo, sou uma Sete Ondas, ou seja, uma Pombagira que atua nas Sete Linhas regida pelo mistério Iemanjá; logo, uma de minhas atribuições é estimular a geração nos sete sentidos da Criação Divina.

Após responder essa última pergunta, ela ficou fixamente olhando em meus olhos sem dizer absolutamente nada. Somente após um breve período, ela retomou o assunto:

– Moço, está quase na minha hora e desejo ouvir de você uma última pergunta antes de ir embora.

Fiz então a pergunta derradeira:

– Eu gostaria de saber por que até o momento que a senhora atendia a sétima pessoa eu via claramente que estava em uma encruzilhada, ao passo que após o instante que você deu a sétima gargalhada eu, apesar de ver fisicamente que estou na encruzilhada, de alguma forma sinto como se não estivesse, por quê?

– Bem, moço, eu só posso lhe dizer que antes do fim do atendimento da sétima pessoa nós estávamos na encruzilhada, que é meu ponto de atuação aí na terra, sem que eu precisasse sair de meu campo de atuação aqui no astral; após o término desse atendimento, eu lhe trouxe no meu campo de atuação aqui no astral sem você precisar sair de meu campo de atuação no lado material.

Eu ia dizer a ela que não havia entendido a resposta, mas ela, parecendo estar novamente lendo meus pensamentos, ainda pôde me dizer:

– Sei que você não captou de forma global o que eu lhe respondi, moço. Mas não se preocupe com isso, porque não vou ter nem mesmo a oportunidade de lhe responder. Só lhe peço um último favor: diga a quantos forem preciso que eu sou uma Pombagira da vida. Sim, diga a todos que eu existo! Existo para estimular, de acordo com a vontade do Divino Criador, em todos os seres necessitados a geração de energias que beneficiem os sete sentidos da criação divina. Diga a todos que, quando de mim precisarem, é só me evocarem que eu, de acordo com a permissão do Divino Criador, estarei em Seu santo nome e em nome da divina mãe Iemanjá a estimular a geração de conhecimento, justiça, lei, amor, fé, vida e evolução na vida e no lar de todos quantos a mim clamarem. Você pode fazer isso?

- Sim!

- Boa noite, moço.

- Boa noite, dona.....

Fechando a Gira

É quando se dá o encerramento dos trabalhos espirituais.

Novamente todos devem fazer a roda e dar as mãos para o encerramento dos trabalhos.

Nesse momento, o sacerdote da Casa deve agradecer a todas as entidades que estiveram em Terra e ajudaram na realização de mais um trabalho. Em seguida, canta-se a cantiga de encerramento:

Eu fecho a nossa gira com Deus e Nossa Senhora
Eu fecho a nossa Gira, sandorê pemba de Angola.
Nossa gira está fechada com Deus e Nossa Senhora.
Nossa gira está fechada, sandorê pemba de Angola.

Após o término da cantiga, os trabalhos estão encerrados. Nenhuma entidade fica em terra depois que os trabalhos são encerrados. Caso alguma fique e não queira subir, o sacerdote da Casa deve ir até o médium e chamar-lhe de volta ao corpo para que assim a entidade seja levada de volta a seu local de origem.

Exercícios Gerais

1 – Ligue as linhas de Umbanda a sua ferramenta de trabalho:

CIGANA

CABOCLO

MARINHEIRO

EXU

BAIANO

OGUM

COSME

PRETO-VELHO

POMBAGIRA

BOIADEIRO

2 – Fale um pouco sobre o que você entende por cada uma das linhas que trabalham na Umbanda.

Linha dos Pretos-Velhos: ______________________________

____

Linha de Cosmes: ______________________________

____

Linha dos Caboclos: ______________________________

____

Linha dos Baianos: ______________________________

____

Linha dos Boiadeiros: ______________________________

____

Linha dos Marinheiro: ______________________________

____

Linha dos Ciganos: ______________________________

____

Linha dos Exus: ______________________________

____

Linha das Pombagiras: ______________________________

____

CRIPTOGRAFIA

3 – Substitua os números pelas letras correspondentes e descubra o segredo da frase.

A	B	C	D	E	F	G	H	I	J	K	L	M	N	O	P	Q	R	S	T	U	V	X	Z	Ç	É
7	9	21	12	22	6	5	17	3	11	2	4	26	25	20	15	14	1	10	19	16	18	13	23	27	28

___ ___ ___ ___ ___ ___ ___   ___ ___ ___ ___ ___ ___ ___ ___ ___   ___

21 1 3 7 25 27 7   3 25 6 20 1 26 7 12 7   28

___ ___ ___ ___ ___ ___ ___   ___ ___ ___ ___ ___ ___ ___ ___ ___

18 22 1 12 7 12 22   7 10 10 22 5 16 1 7 12 7

4 - Caça-Palavras

HINO DOS GUARDIÕES DA LUZ

Sou **FILHO** de **DEUS** e com Deus vou sempre estar
SALVE meu **CRIADOR** e todos os meus **ORIXÁS**
Salve **OGUM**, Salve **XANGÔ**, Salve **OXUM** e todos os meus Guardiões
Viva a vossa **BANDA** que sempre baterá
Em nossos **CORAÇÕES** nosso **SAGRADO PAI OXALÁ**
Sua **BÊNÇÃO** meu Pai, sua **FORÇA** para **CAMINHAR**
Com a **LUZ** da tua **COROA** quero sempre poder contar
Guardiões do **UNIVERSO**
DIVINO MESTRE JESUS
Salve **NOSSA SENHORA,** Salve os Guardiões, os **GUARDIÕES DA LUZ**

Encontre no quadro abaixo as palavras em negrito:

N	T	W	T	O	E	T	A	B	E	N	Ç	Ã	O	M	F	A	D
O	I	P	B	X	A	T	T	A	E	T	U	O	T	D	O	L	D
S	M	Q	U	A	D	P	I	N	R	R	A	M	F	O	R	C	A
S	U	F	A	L	O	U	R	D	S	O	A	M	I	A	I	Ã	O
A	T	I	T	Á	A	L	S	A	L	V	E	E	L	G	X	S	D
S	O	L	M	I	F	N	Q	I	M	L	O	T	I	E	Á	O	T
E	P	H	T	I	R	S	A	G	R	A	D	O	T	N	S	Ė	C
N	G	O	I	Z	M	L	R	Z	U	J	S	G	S	O	S	O	G
H	K	T	D	D	E	U	S	Ç	C	Q	D	U	E	R	R	A	U
O	F	O	T	C	S	L	R	A	A	U	R	M	C	Ô	G	E	A
R	Ã	N	A	N	T	D	U	U	M	O	S	A	A	E	Y	A	R
A	Ç	K	I	L	R	T	C	D	I	O	E	M	O	O	R	B	D
A	U	M	E	E	E	L	O	O	N	R	E	E	N	E	P	A	I
N	A	Q	O	S	T	I	R	E	H	E	C	N	O	D	I	E	Õ
C	I	H	X	A	N	G	O	R	A	O	Õ	T	N	L	P	A	E
A	J	W	U	I	S	T	A	N	R	U	A	I	I	E	C	O	S
O	E	T	M	A	U	A	R	I	U	E	Ã	M	V	L	T	R	D
C	S	E	L	L	S	H	Õ	S	R	O	D	A	I	R	C	N	A
O	U	N	I	V	E	R	S	O	N	S	A	G	D	I	A	O	L
A	S	R	O	O	R	S	I	T	A	B	F	T	C	I	F	U	U
H	C	T	C	O	R	A	Ç	Õ	E	S	T	C	I	T	E	I	Z

5 – Palavras Cruzadas

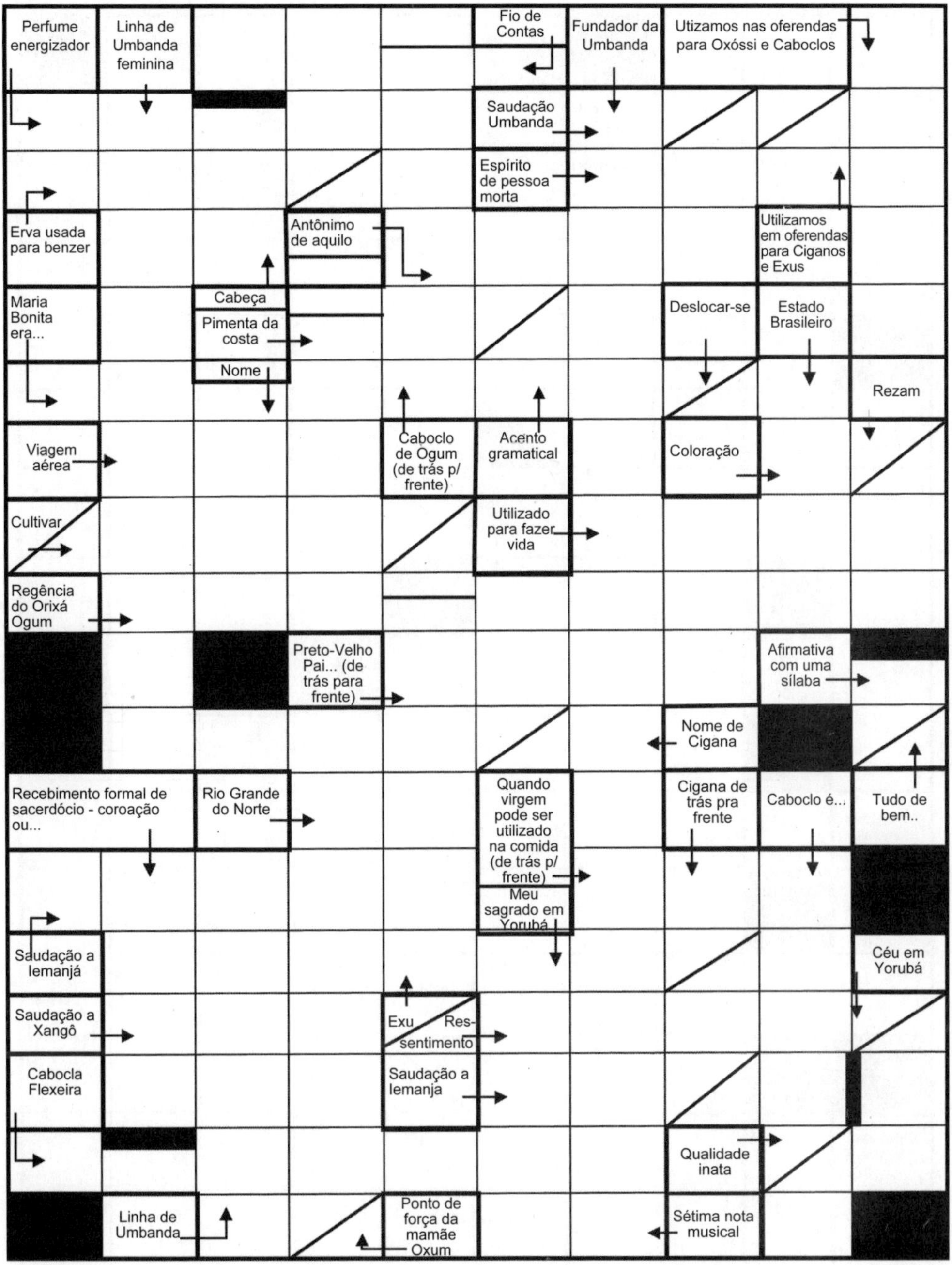

Axé – Deka – Egum – Kao – Odoiá – Ori – Oromi – Orum

6 – Palavras Cruzadas

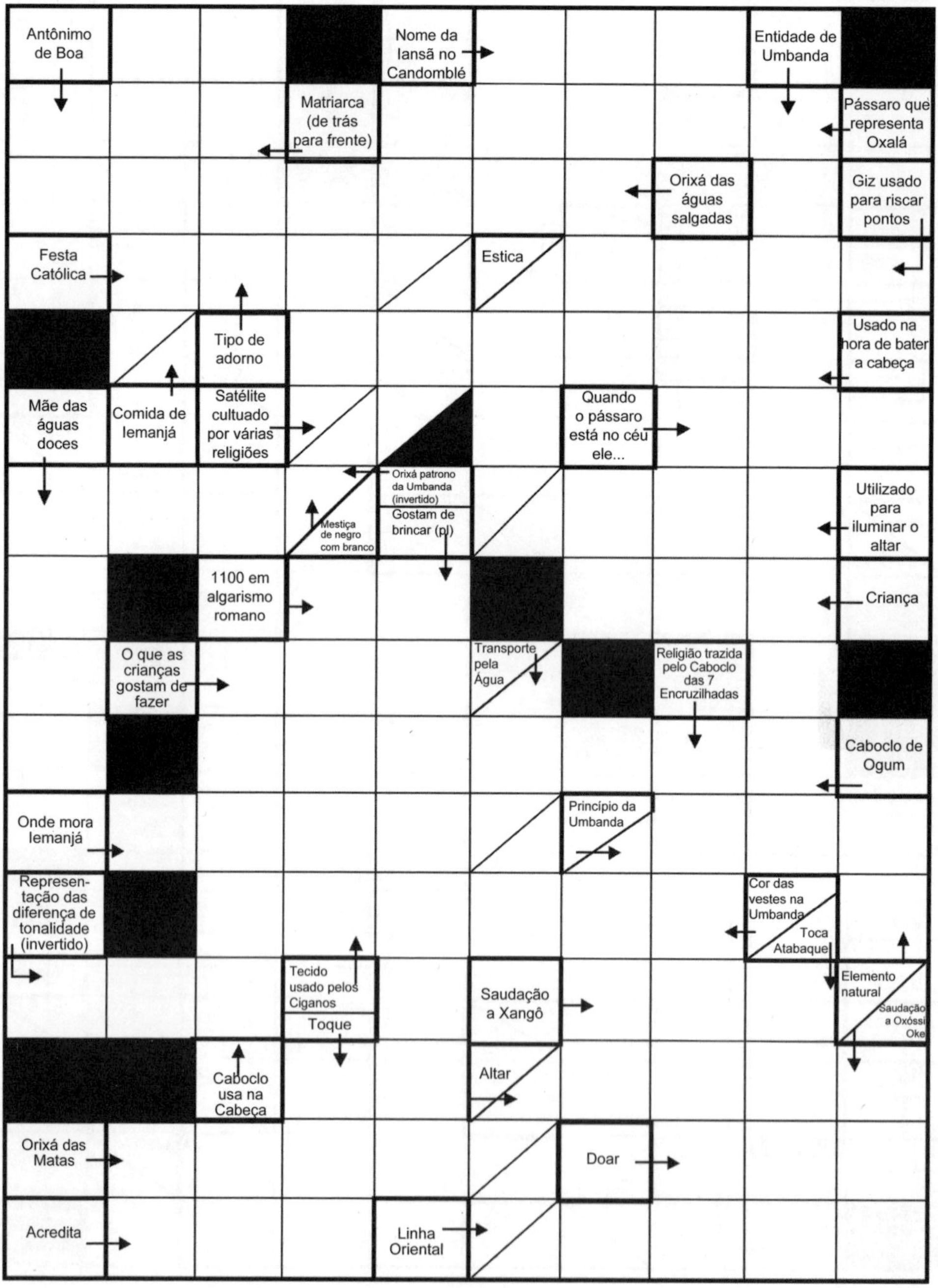

Aro – Cao –Ere - Oiá

7 – Palavras Cruzadas

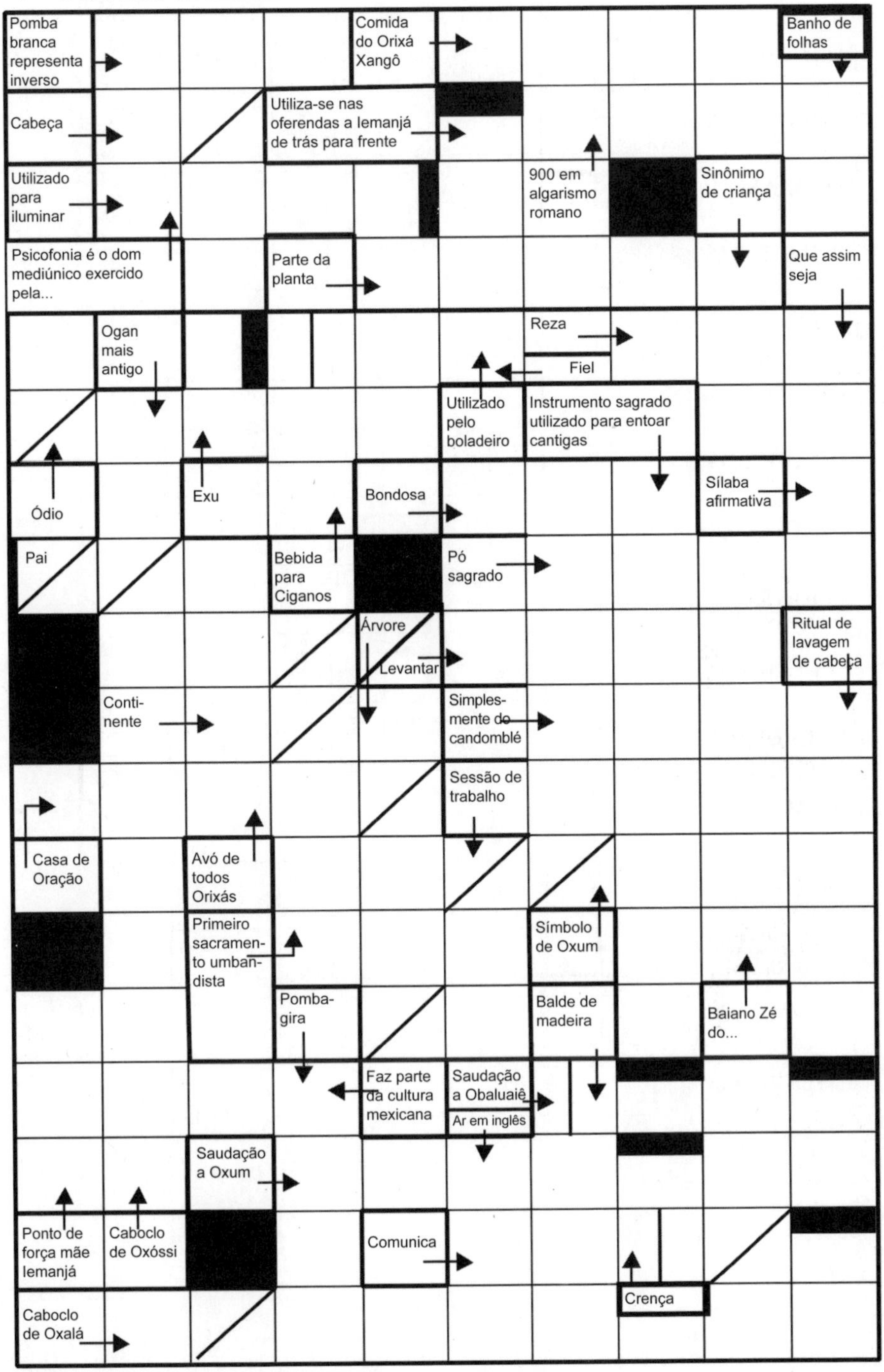

Abiã – Abo – Amalá – Atim - Atoto – Babá – Ere – Ora ie ie – Ori

8 – Ordene as letras e forme as palavras:

DACARIRE	☐☐☐☐☐☐☐☐
BUSTINDAMA	☐☐☐☐☐☐☐☐☐☐
JAENIAM	☐☐☐☐☐☐☐
RUAGIDOA	☐☐☐☐☐☐☐☐
ORAM	☐☐☐☐
DEDUMAINEDI	☐☐☐☐☐☐☐☐☐☐☐
DOAREIBIO	☐☐☐☐☐☐☐☐☐
DIETENDA	☐☐☐☐☐☐☐☐
ZERIGENRA	☐☐☐☐☐☐☐☐☐
SIANABO	☐☐☐☐☐☐☐
TORPETROSE	☐☐☐☐☐☐☐☐☐☐
SIGAU	☐☐☐☐☐
REPRIADE	☐☐☐☐☐☐☐☐
FEÇADUAMO	☐☐☐☐☐☐☐☐☐
COCOBLAS	☐☐☐☐☐☐☐☐
CHEAROICA	☐☐☐☐☐☐☐☐☐

Datas Festivas

JANEIRO

15 - Dia de Nosso Senhor do Bonfim – sincretismo com Oxalá
20 - São Sebastião – Louvação a Oxóssi – Festa de Caboclo
21 - Dia Mundial da Religião

FEVEREIRO

02 - Nossa Senhora da Conceição – Louvação a Oxum
02 - Nossa Senhora dos Navegantes – Louvação a Iemanjá

ABRIL

23 - São Jorge – Louvação a Ogum

MAIO

13 - Louvação aos Pretos-Velhos
24 - Louvação a Santa Sara Kalli
30 - Santa Joana D'Arc – Louvação a Obá

JUNHO

13 - Santo Antonio de Pádua – Louvação a Exu
24 - São João Batista – Louvação a Xangô
29 - São Pedro e São Paulo – Louvação a Xangô Aganju

JULHO

26 - Nossa Senhora Sant'Anna – Louvação a Nanã

AGOSTO

15 - Nossa Senhora da Glória – Louvação a Iemanjá
16 - São Roque – Louvação a Obaluaiê
24 - São Bartolomeu – Louvação a Oxumarê

SETEMBRO

05 - Louvação ao Sr. Tranca-Rua das Encruzilhadas
27 - São Cosme e São Damião – Louvação a Ibeji
29 - São Miguel Arcanjo – Louvação a Logum Edé
30 - São Jerônimo – Louvação a Xangô Agodô (almas)
30 - Dia das Tradições das Raízes de Matrizes Africanas e Nações do Candomblé

OUTUBRO

12 - Nossa Senhora Aparecida – Louvação a Oxum
12 - Louvação a Santa Sara Kalli
12 - Louvação ao Sr. Tranca-Rua das Almas
17 - Louvação ao Sr. Marabô
25 - São Crispim e São Crispiniano – Louvação a Cosme e Damião

NOVEMBRO

01 - Todos os Santos – Louvação às Almas
02 - Finados – Louvação a Omolu
15 - Dia Nacional da Umbanda
20 - Dia da Consciência Negra
25 - Santa Catarina – Louvação a Obá

DEZEMBRO

04 - Santa Bárbara – Louvação a Iansã
08 - Nossa Senhora da Conceição – Louvação a Oxum e Iemanjá
17 - São Lázaro – Louvação a Obaluaiê
25 - Louvação a Oxalá
31 - Louvação a Iemanjá – encerramento do ano

DATAS VARIÁVEIS

Louvação a Omolu – Início da Quaresma
Fechamento de Corpo – Sexta-Feira da Paixão

Curiosidades

- A "Tenda Nossa Senhora da Piedade" fundada por Zélio é o primeiro templo de Umbanda registrado no Brasil.
- Em encarnação anterior à que veio como caboclo brasileiro o Caboclo das Sete Encruzilhadas foi padre, seu nome era Gabriel Malagrida. Tendo sido acusado de bruxaria, foi sacrificado na fogueira da Inquisição por haver previsto o terremoto que destruiu Lisboa em 1755.
- Segundo o Caboclo das Sete Encruzilhadas, foi escolhido o nome "Tenda Nossa Senhora da Piedade", porque da mesma forma que Maria amparou nos braços seu filho querido, também seriam amparados os que se socorressem da Umbanda.
- A primeira entidade de Umbanda a pedir uma guia (colar) e a primeira coisa material para ser utilizada em trabalhos umbandistas, um cachimbo, foi o Preto-Velho Pai Antônio, incorporado em Zélio de Moraes.
- ESTRELA DE CINCO PONTAS – representa luz e espiritualidade.
- ESPELHO – o espelho simboliza verdade divina e sabedoria do universo.

- FERRADURA – é feita de ferro, que tem poder contra mau-olhado. Pendurada em uma porta, com o lado aberto para cima, diz-se que ela pode captar a boa sorte e guardá-la em segurança.
- Jornal *O Estado de São Paulo* – Quinta-feira, 27 de junho de 2002 – Em decisão inédita no país, a 8ª Câmara Cível do Tribunal de Justiça do Rio Grande do Sul reconheceu como legal um casamento realizado num Centro de Umbanda. Começa a ser formada a Jurisprudência para uma determinação constitucional de que todas as religiões merecem o mesmo respeito. Gorete apresentou a certidão de casamento religioso concedida pela Casa de Umbanda como prova de sua relação com Guedes. Foi aceita e foi oficializada a união entre os dois, conforme disposto na Lei.

Babalorixá (Bàbálòrì<u>s</u>à) – palavra de origem yorubana, termo utilizado única e exclusivamente para **homens** no culto aos Orixás, que foi incorporada ao Candomblé:

Babalorìxá – pai que possui ou é possuído pelo Orixá.

Bàbá – pai

Iyalorixá (Ìyálòrì<u>s</u>à) – palavra de origem yorubana, termo utilizado única e exclusivamente para **mulheres**, no culto aos Orixás, que foi incorporado ao Candomblé:

Iyalorixá = mãe que possui ou é possuída pelo Orixá.

Ìyá – mãe

- **Axé** – a palavra axé é de origem yorubá e é muito usada. Axé significa “força, poder, realização” mas também é usada para desejar sorte e, em alguns casos, para finalizar frases com o sentido “que assim seja”.
- **Kizila** – Tudo aquilo que provoca uma reação contrária ao axé, dá-se o nome de kizila, ou seja, são as energias contrárias à energia positiva do Orixá. Estas energias negativas podem estar em alimentos, cores, situações, animais e até mesmo na própria natureza.

CRIPTOGRAFIA

A	B	C	D	E	F	G	H	I	J	K	L	M	N	O	P	Q	R	S	T	U	V	X	Z	Ç	É
7	9	21	12	22	6	5	17	3	11	2	4	26	25	20	15	14	1	10	19	16	18	13	23	27	28

__ __ __ __ __ __ __ __ __ __ __ __ __ __ __ __ ,
10 20 26 20 10 19 22 26 15 4 20 10 18 3 18 20 10

__ __ __ __ __ __ __ __ __ __ __ __ __ __ __ __
7 19 1 7 18 28 10 12 20 10 14 16 7 3 10 20 15 7 3

__ __ __ __ __ __ __ __ __ __
21 17 22 5 7 7 20 25 20 10 10 20

__ __ __ __ __ __ __ __ __ __ __ __ __ __
10 22 26 22 4 17 7 25 19 22 19 22 26 20 10 14 16 22

__ __ __ __ __ __ __ __ __ __ __
22 10 15 22 4 17 7 1 20 15 7 3

(Rubens Saraceni)

A Umbanda é um caminho celestial, Divino
É o nosso pai Ogum.
Saravá Umbanda, saravá Jesus!
Salve o Nazareno que por nós morreu na cruz.

Axé!

Respostas

Pág. 14 – Criptografia
Esquecer a infância e a juventude será desprezar o futuro. *(Emmanuel).*

Pág. 14 – Criptografia
O que uma criança não recebe, ela raramente poderá oferecer mais tarde. (*P.D. James)*

Pág. 20 – Caça-Palavras – Hino da Umbanda.

F	**É**	T	E	S	D	W	A	S	Z	X	V	H	H	**L**	H
T	Y	U	I	O	P	**L**	**U**	**Z**	R	E	S	S	Z	**E**	X
Z	**M**	**A**	**R**	B	G	T	**M**	T	T	U	I	O	V	**I**	V
A	C	N	**E**	H	C	E	**B**	X	Z	S	A	**T**	F	G	H
O	P	K	**I**	M	B	**P**	**A**	**Z**	D	S	Z	**E**	K	L	L
L	P	K	**N**	N	N	R	**N**	N	A	S	C	**R**	R	V	C
A	E	**R**	**O**	S	D	C	**D**	A	I	K	J	**R**	O	T	E
A	S	**O**	R	T	Y	U	**A**	O	P	L	G	**A**	D	S	A
C	A	**M**	S	E	T	U	I	O	E	E	**F**	T	Y	U	I
E	**B**	**A**	**N**	**D**	**E**	**I**	**R**	**A**	**D**	**E**	**O**	**X**	**A**	**L**	**A**
S	O	K	L	J	M	N	M	A	**I**	I	**R**	B	V	G	C
T	C	V	V	B	H	H	J	J	**V**	C	**Ç**	X	C	V	F
A	X	C	V	B	I	U	I	J	**I**	B	**A**	B	N	M	N
R	**V**	**I**	**D**	**A**	M	B	N	V	**N**	B	H	F	C	C	A
A	E	R	T	F	D	X	S	F	**A**	H	W	H	K	L	J
V	B	**A**	**R**	**U**	**A**	**N**	**D**	**A**	E	T	M	T	D	F	F

Pag. 22 – Caça-Palavras – Oração do Professor

A	**P**	**R**	**E**	**N**	**D**	**E**	**R**	S	X	S	Z	X	V	H	H	K	**S**
L	Y	U	I	O	P	L	P	Z	F	Z	R	**D**	**O**	**M**	Z	E	**A**
E	M	W	R	M	G	T	**H**	T	G	T	T	U	I	O	V	I	**B**
G	C	**S**	E	**E**	C	E	**U**	X	U	**C**	**R**	**E**	**S**	**Ç**	**A**	X	**E**
R	P	**A**	I	**N**	B	**A**	**M**	**O**	**R**	Z	D	E	Z	E	K	L	**R**
E	P	**B**	E	**S**	W	Z	**I**	W	Q	R	A	B	C	R	**O**	V	C
M	E	**E**	**N**	**I**	**M**	**U**	**L**	**I**	U	K	I	A	J	R	**Ã**	T	E
A	S	**D**	R	**N**	Y	U	**D**	X	**A**	**B**	**A**	**S**	**T**	**E**	**Ç**	**A**	C
E	A	**O**	S	**A**	T	U	**A**	O	O	O	M	E	F	T	**A**	U	**R**
S	B	**R**	N	**R**	E	I	**D**	A	A	A	**O**	**H**	**L**	**U**	**G**	**R**	**O**
P	O	**I**	L	U	M	A	**E**	A	A	A	R	I	R	B	**E**	G	**H**
E	C	**A**	V	H	H	I	J	**G**	J	J	V	C	Ç	X	**R**	V	**L**
R	X	C	V	**E**	Q	L	**E**	**R**	**E**	**V**	**E**	**S**	**R**	**E**	**P**	M	**E**
A	V	Z	D	**D**	M	V	N	**A**	A	A	V	B	H	**H**	C	C	**M**
N	C	A	T	**A**	D	X	S	**Ç**	A	A	**O**	H	W	**L**	K	L	J
Ç	F	G	R	**D**	V	Z	D	**Ã**	T	T	**V**	G	Y	**I**	H	T	K
A	E	**Z**	T	**R**	D	D	T	W	W	**V**	**O**	**Z**	I	**R**	L	H	E
G	F	**U**	A	**E**	R	A	S	A	F	A	**N**	T	M	**B**	D	F	F
P	**A**	**L**	**A**	**V**	**R**	**A**	**S**	T	A	Q	B	J	Y	D	F	T	W

Pág. 22 – Criptografia

"A cada criança que se educa, se ganha um cidadão"(*Victor Hugo)*

Pág. 24 – Caça-Palavras – Mensagem da Criança

E	C	Y	U	I	O	D	L	L	L	N	M	A	A	**S**	D	N	B	**D**	D	N	B
S	E	R	R	R	**B**	T	O	R	I	R	L	H	O	**O**	A	V	**D**	**E**	**U**	**S**	A
P	T	I	G	Y	**O**	A	**O**	T	O	R	I	R	E	**F**	I	R	L	**V**	H	C	C
E	E	**P**	**A**	**L**	**A**	**V**	**R**	**A**	**S**	I	A	A	T	**R**	D	A	A	**O**	L	A	O
R	F	**Ã**	M	E	**S**	E	**N**	A	R	E	X	C	**M**	**A**	**L**	D	I	**T**	D	A	A
A	C	**O**	F	**B**	S	I	**A**	I	A	**B**	A	H	C	O	**U**	A	**P**	**A**	**Z**	E	I
N	A	Ç	A	**E**	**X**	**E**	**M**	**P**	**L**	**O**	**S**	R	H	S	**Z**	O	I	**M**	E	X	C
Ç	E	E	M	**M**	A	R	**E**	N	A	**M**	A	H	O	B	E	R	R	**E**	L	U	T
A	Y	W	**A**	T	I	A	**N**	B	U	V	L	A	R	**C**	**A**	**R**	**I**	**N**	**H**	**O**	M
R	A	S	**J**	U	**G**	A	**T**	O	Q	Ç	V	B	T	O	R	I	R	**T**	L	A	O
I	J	**F**	**U**	**T**	**U**	**R**	**O**	A	U	K	L	X	**P**	**E**	**R**	**D**	**Ã**	**O**	D	A	A
A	U	E	**D**	A	**E**	O	V	S	E	O	V	V	**R**	M	**A**	A	G	O	A	R	S
T	E	M	**A**	Z	**R**	Ã	B	P	S	Ã	B	T	**O**	O	**R**	J	**A**	I	A	A	T
R	A	P	A	**P**	**R**	**E**	**S**	**E**	**N**	**T**	**E**	S	**M**	V	**O**	U	**M**	D	U	D	O
A	F	Z	R	E	**A**	Y	U	**D**	V	**R**	L	A	**E**	D	**H**	D	**O**	M	I	G	E
B	**O**	**N**	**S**	G	B	H	R	**U**	D	**E**	D	A	**S**	I	**C**	**O**	**R**	**R**	**I**	**J**	**A**
A	A	A	W	T	Y	P	L	**Q**	Z	**V**	A	R	**S**	D	U	C	O	**O**	J	**U**	E
L	O	I	O	P	R	E	W	**U**	T	**A**	I	A	**A**	A	R	H	S	**G**	E	**S**	O
H	U	**M**	**I**	**L**	**D**	**A**	**D**	**E**	F	**S**	C	B	S	E	N	O	B	**O**	N	**T**	E
O	D	Q	R	T	Y	U	I	**S**	T	O	R	I	R	L	Y	I	H	T	G	**O**	F

Pág. 31 – Cruzadinha

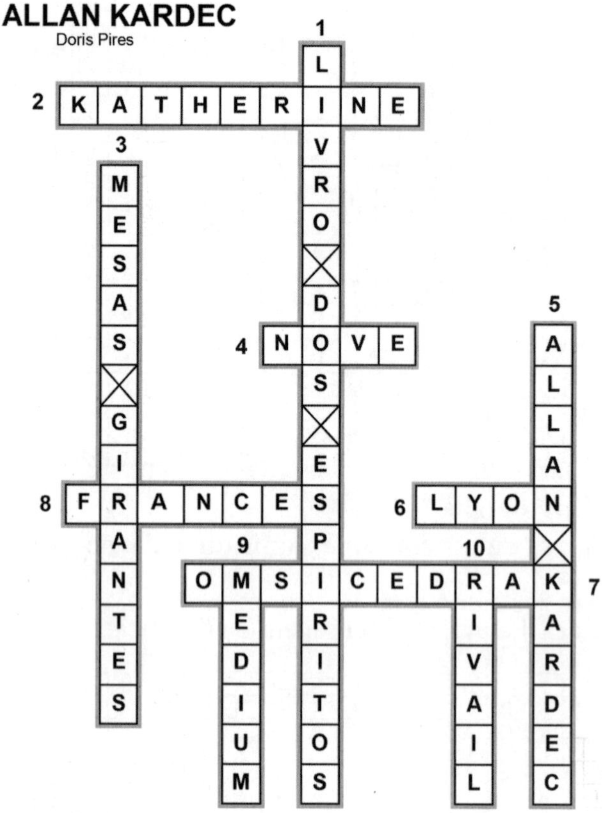

Pág. 37 – Caça-Palavras – Prece ao Anjo da Guarda

A	Q	S	A	V	O	R	P	R	S	**B**	**O**	**N**	**D**	**O**	**S**	**A**
N	U	**P**	G	J	M	**E**	**V**	**A**	**N**	**G**	**E**	**L**	**H**	**O**	D	E
J	F	**R**	P	**P**	**R**	**O**	**T**	**E**	**T**	**O**	**R**	**E**	**S**	M	**D**	S
O	S	**O**	A	I	R	I	T	O	S	L	E	**A**	E	I	**E**	U
B	A	**V**	S	S	I	E	O	D	O	A	M	**M**	M	S	**U**	W
O	O	**A**	**N**	**J**	**O**	**S**	**G**	**U**	**A**	**R**	**D**	**I**	**O**	**E**	**S**	T
M	T	**S**	S	E	A	P	U	R	U	A	I	**G**	E	X	P	M
G	A	T	T	N	**M**	**I**	**S**	**E**	**R**	**I**	**C**	**O**	**R**	**D**	**I**	**A**
V	**F**	V	A	A	S	R	O	R	E	L	O	R	I	A	K	**L**
U	**E**	**S**	**P**	**I**	**R**	**I**	**T**	**O**	**S**	E	A	O	E	A	M	**M**
F	O	O	G	I	D	T	Ã	A	U	O	O	**F**	D	R	D	**A**
U	M	Y	**R**	**E**	**S**	**I**	**G**	**N**	**A**	**Ç**	**Ã**	**O**	E	N	O	R
P	I	T	I	S	M	S	H	I	**M**	A	T	**R**	L	E	A	O
C	**O**	**R**	**A**	**G**	**E**	**M**	**P**	**R**	**O**	**T**	**E**	**Ç**	**Ã**	**O**	E	R
D	U	F	É	L	A	O	U	E	**R**	I	T	**A**	W	**R**	**R**	**E**

Pág. 38 – Criptografia

E vós, meu anjo bom, nunca me abandones, necessito de toda vossa proteção, para suportar com fé e amor as provas que Deus quiser enviar-me.

Pág. 39 – Caça-Palavras ANJOS GUARDIÕES

A	Q	W	**G**	**U**	**I**	**A**	**R**	R	S	Y	T	B	P	Z
T	**E**	H	N	J	M	K	F	**G**	**U**	**A**	**D**	**I**	**Ã**	**O**
T	**L**	F	G	H	I	L	O	L	D	R	H	N	M	B
W	**E**	**S**	**P**	**I**	**R**	**I**	**T**	**U**	**A**	**L**	E	L	H	**T**
S	**V**	A	U	H	V	K	O	R	O	O	I	M	K	**E**
D	**A**	O	G	U	**N**	M	K	T	U	N	**S**	A	M	**R**
F	**D**	T	U	I	**U**	W	I	Y	H	J	**U**	A	T	**R**
R	**A**	G	**C**	**O**	**N**	**S**	**E**	**L**	**H**	**O**	**S**	A	D	**A**
O	J	V	**O**	T	**C**	G	T	B	A	M	**T**	T	C	G
P	E	I	**N**	H	**A**	Y	E	B	D	P	**E**	G	Q	H
U	O	F	**S**	N	T	N	E	X	**P**	**U**	**N**	**I**	**D**	**O**
T	A	U	**O**	D	G	I	D	V	H	T	**T**	R	H	J
G	A	G	**L**	B	L	P	X	H	G	R	**A**	F	D	M
V	D	F	**A**	P	N	O	**R**	**E**	**T**	**O**	**R**	**N**	**A**	K
L	R	D	**R**	D	U	R	C	L	A	Y	C	B	G	W

Pág. 42 – Criptografia

Senhor Jesus, me ajude a pensar sempre no bem, falar do bem e querer todos bem, em nome do Pai, do Filho e do Espírito Santo, amém.

Pág. 44 – Caça-Palavras – Oração a São Jorge

C	Q	W	G	**B**	I	**D**	**E**	**F**	**E**	**N**	**S**	**O**	**R**	Q	E	**E**
T	E	H	N	**O**	M	K	F	G	U	A	F	T	X	E	S	**S**
M	L	F	G	**N**	I	L	O	L	**J**	R	H	N	M	L	P	**P**
I	E	E	P	**D**	R	**C**	T	U	**E**	**S**	**C**	**U**	**D**	**O**	W	**I**
S	**A**	**G**	**R**	**A**	**D**	**O**	O	R	**S**	O	I	M	K	A	**F**	**R**
E	A	R	G	**D**	N	**R**	K	S	**U**	E	D	A	**L**	A	**A**	**I**
P	**R**	**O**	**T**	**E**	**J**	**A**	I	Y	**S**	J	R	A	**A**	R	**L**	**T**
I	A	J	C	O	N	**Ç**	E	L	**C**	O	O	A	**N**	A	**A**	**O**
C	J	O	O	T	C	**Ã**	T	B	**R**	M	**F**	T	**Ç**	J	**N**	**S**
O	**C**	**Ã**	**V**	**A**	**L**	**O**	E	**D**	**I**	**V**	**I**	**N**	**A**	C	**G**	**A**
R	O	S	S	**M**	T	N	E	X	**S**	U	**E**	I	**S**	O	**E**	**N**
D	A	U	**P**	**O**	**D**	**E**	**R**	V	**T**	T	**L**	R	H	A	K	**T**
I	O	S	E	**R**	L	P	X	H	**O**	R	S	F	D	O	S	**O**
A	D	F	A	P	N	O	R	E	T	O	I	N	A	D	K	K
L	R	**P**	**E**	**D**	**I**	**R**	E	**S**	**Ã**	**O**	**J**	**O**	**R**	**G**	**E**	W

Pág. 46 – Cruzadinha – Prece de Cáritas

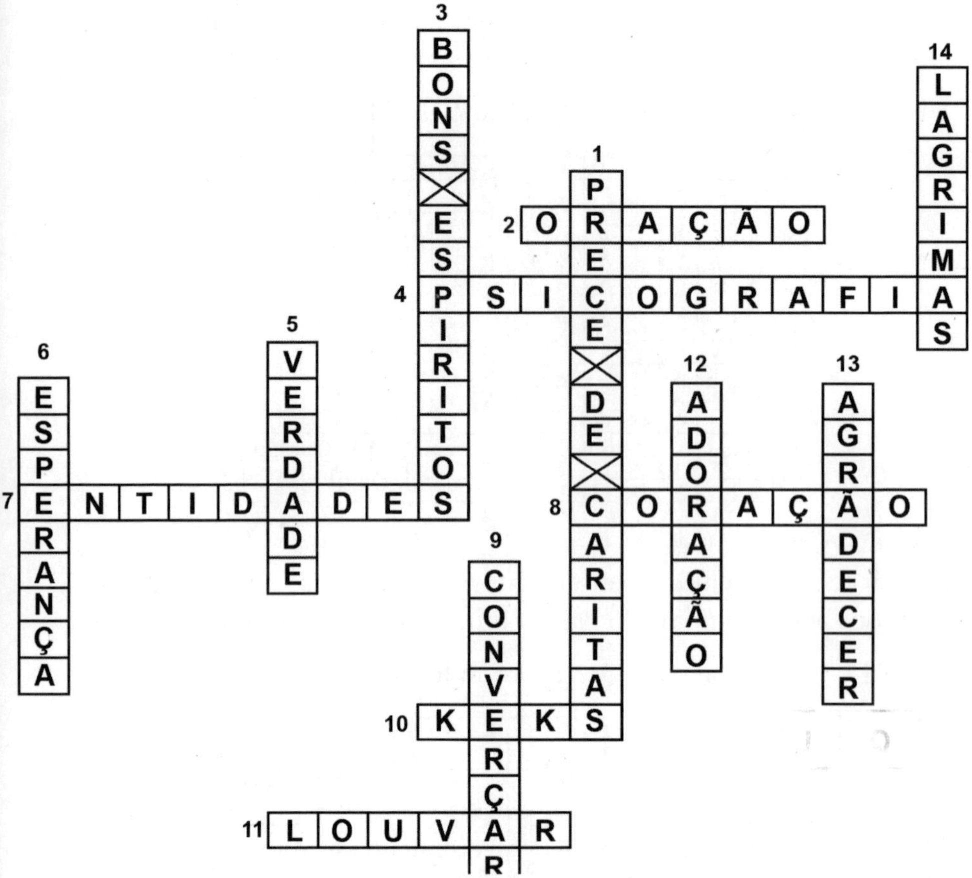

Pág. 52 – Cruzadinha – FÉ

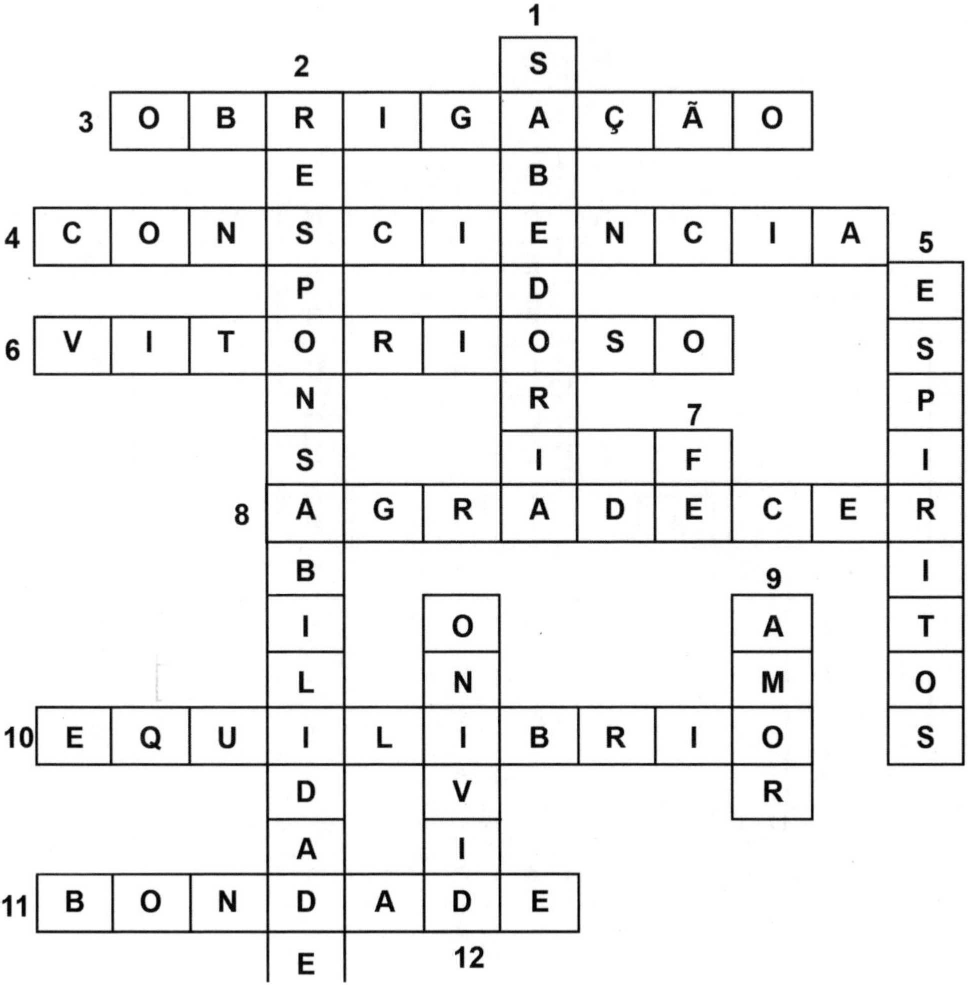

Pág. 53 – Cruzadinha – FÉ

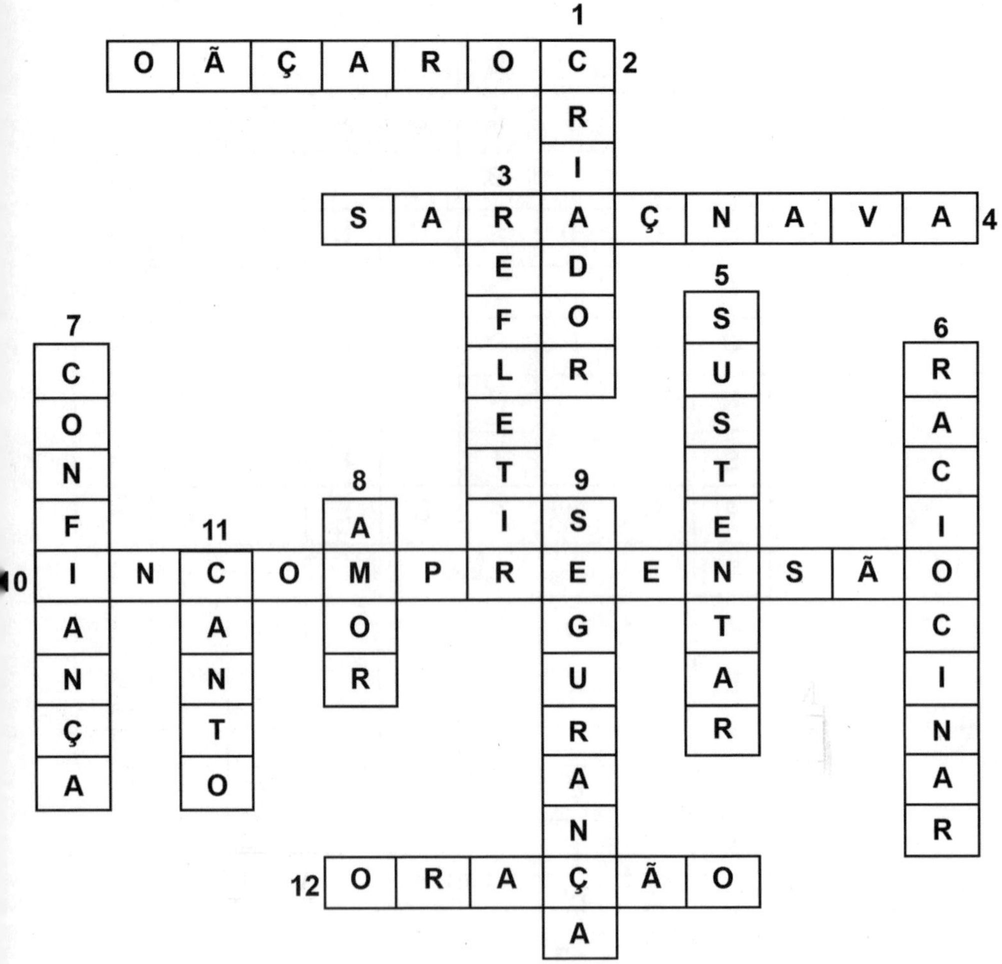

Pág. 74 – Cruzadinha – Zélio de Moraes

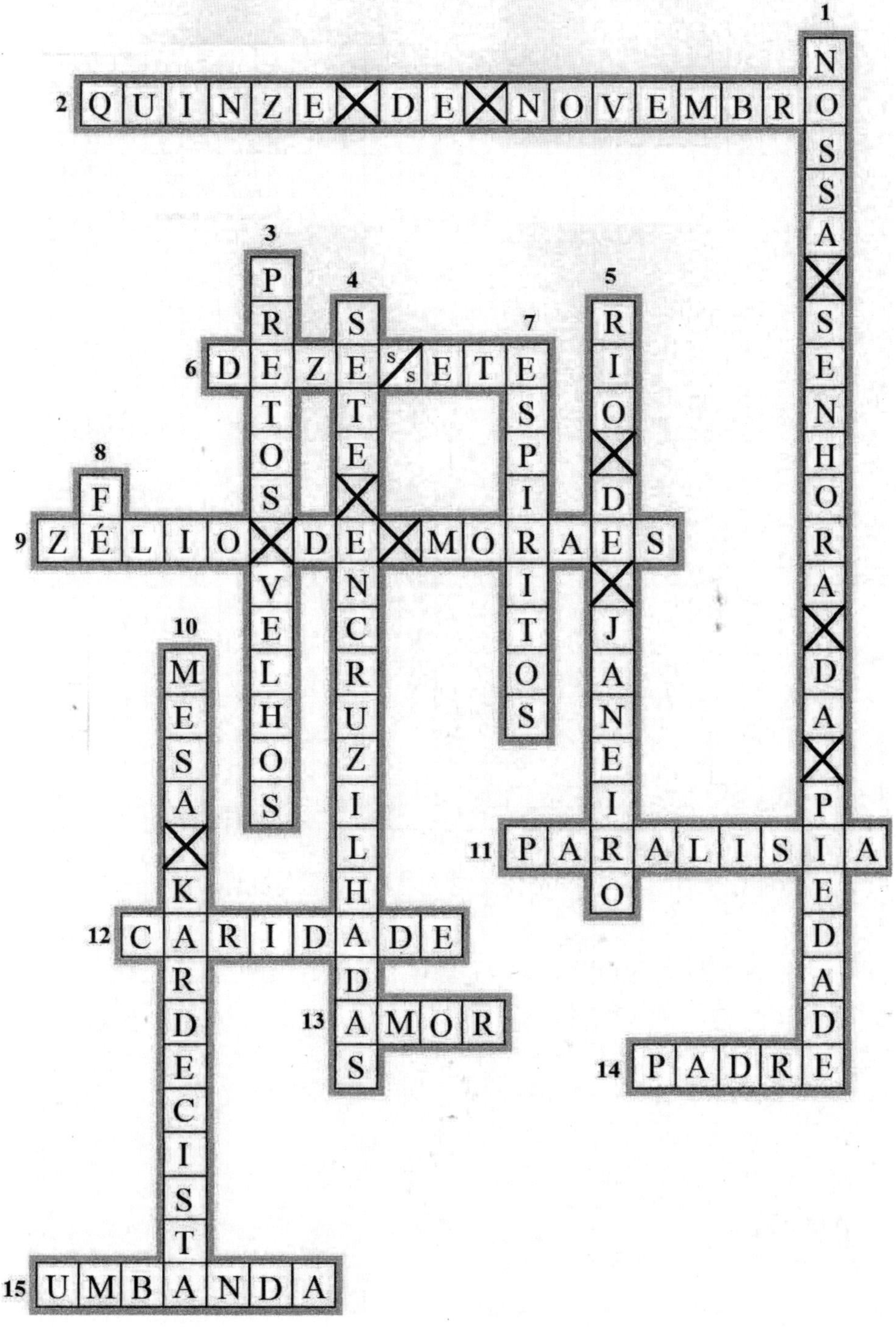

Pág. 76 – Caça-Palavras – Umbanda quem és?

A	Q	W	G	U	I	A	R	R	S	Y	T	B	P	Z	A	T	A	M	B	O	R
G	N	J	M	K	F	G	U	**P**	**I**	**E**	**D**	**A**	**D**	**E**	D	U	R	C	L	A	Y
A	G	H	I	L	O	L	D	**R**	F	G	H	I	L	O	L	D	R	H	N	M	B
R	P	I	R	I	T	U	A	**E**	C	L	A	Y	C	B	G	W	L	R	D	R	D
G	U	H	V	K	O	R	O	**C**	E	Y	Z	**C**	E	M	**F**	U	R	E	A	N	M
A	G	U	N	M	K	T	U	**E**	**N**	**C**	**R**	**U**	**Z**	**I**	**L**	**H**	**A**	**D**	**A**	L	H
L	E	A	G	**T**	O	R	O	O	I	**A**	T	**R**	A	T	**U**	R	**M**	O	J	M	K
H	V	D	F	**E**	K	T	U	N	S	**C**	E	**A**	A	D	**I**	T	**O**	P	E	A	M
A	**I**	**G**	**A**	**M**	I	Y	H	J	U	**H**	U	X	T	C	**D**	X	**R**	U	O	A	T
D	O	J	V	**P**	**O**	**N**	**T**	**O**	**R**	**I**	**S**	**C**	**A**	**D**	**O**	C	O	T	A	A	D
A	P	E	I	**L**	P	E	**E**	O	R	**M**	E	B	D	P	E	G	O	**S**	M	K	**U**
T	U	O	F	**O**	U	O	**R**	K	T	**B**	I	**P**	**E**	**M**	**B**	**A**	K	**E**	A	M	**M**
I	T	A	U	K	T	A	**R**	I	Y	**O**	S	T	E	**I**	R	M	I	**D**	A	T	**B**
C	**A**	**R**	**I**	**D**	**A**	**D**	**E**	E	L	B	A	Z	**E**	**S**	**P**	**E**	**R**	**A**	**N**	Ç	**A**
P	G	T	B	A	M	T	**I**	T	B	E	N	A	E	**T**	G	H	A	**D**	L	P	**N**
U	Y	E	B	D	P	E	**R**	E	B	**S**	**E**	**G**	**R**	**E**	**D**	**O**	T	**I**	N	O	**D**
T	N	E	X	P	U	N	**O**	E	X	T	N	E	X	**R**	R	A	E	**T**	U	R	**A**
G	I	D	V	H	T	T	A	D	V	G	I	D	V	**I**	**N**	**C**	**E**	**N**	**S**	**O**	S
V	**H**	**U**	**M**	**I**	**L**	**D**	**A**	**D**	**E**	T	N	E	X	**O**	I	E	H	**E**	X	E	U
A	R	L	R	D	R	D	U	R	C	L	A	Y	C	B	G	W	L	R	D	R	D

Pág. 80 – Caça-Palavras – Ser Umbandista

N	T	W	**A**	**G**	**R**	**A**	**D**	**E**	**C**	**E**	**R**	F	R	M	F	A	D
A	I	P	T	S	A	T	E	P	U	T	U	O	T	D	O	L	**D**
S	M	Q	U	**O**	D	M	I	**O**	**M**	**I**	**X**	**O**	**R**	**P**	H	E	**E**
S	U	F	A	**H**	O	U	R	D	B	O	A	M	I	A	I	Ã	**D**
B	T	I	T	**N**	A	G	N	A	A	I	T	E	O	G	X	S	**I**
D	A	L	V	**I**	**L**	**U**	**M**	**I**	**N**	**A**	**R**	**E**	**M**	E	Á	O	**C**
M	P	H	T	**M**	R	N	Q	I	D	L	O	T	A	N	S	E	**A**
K	**G**	**U**	**I**	**A**	**S**	L	U	**I**	**N**	**S**	**T**	**R**	**U**	**I**	**R**	E	**Ç**
H	K	T	D	**C**	U	A	U	Ç	S	Q	D	E	E	R	R	A	**Ã**
O	F	O	T	C	H	E	D	U	T	R	I	V	C	U	**P**	E	**O**
R	Ã	N	A	N	A	N	A	D	A	U	S	A	A	E	**E**	A	U
E	Ç	K	I	L	L	T	B	D	Y	O	**F**	**É**	R	O	**R**	D	Y
N	U	**P**	**A**	**I**	T	L	I	O	Â	R	E	E	A	L	**D**	D	O
T	A	Q	O	S	T	I	N	E	A	**O**	**Ã**	**Ç**	**A**	**R**	**O**	**C**	D
U	I	H	X	A	N	G	O	R	T	O	Õ	T	**L**	L	**A**	A	I
S	**A**	**L**	**V**	**A**	**Ç**	**Ã**	**O**	N	R	U	A	I	**E**	E	**R**	O	Õ
I	W	T	M	**M**	M	Ç	R	I	U	E	Ã	M	**G**	L	T	R	E
A	Õ	E	L	**A**	S	H	Õ	S	**S**	**O**	**C**	**O**	**R**	**R**	**E**	N	S
S	U	N	I	**R**	E	R	S	O	N	S	A	G	**I**	I	A	O	A
M	E	R	O	O	J	S	I	T	A	B	F	T	**A**	I	F	U	M
O	T	O	**A**	**U**	**X**	**I**	**L**	**I**	**A**	N	**D**	**O**	I	T	L	I	O

Pág. 203 – Caça-Palavras – Cosme e Damião

A	G	H	I	L	O	L	D	A	F	S	H	I	L	O	L	D	R	H	N
Q	P	I	R	I	T	U	A	R	C	M	A	Y	C	B	G	W	L	R	D
N	U	H	V	K	**D**	R	O	F	E	Y	Z	**S**	E	M	F	U	**I**	E	A
A	G	U	N	M	**A**	S	H	I	L	K	A	**I**	S	Y	T	B	**N**	A	O
P	E	A	G	H	**M**	R	O	O	I	L	T	**M**	**É**	**D**	**I**	**C**	**O**	**S**	J
U	V	D	F	I	**I**	T	H	N	S	I	E	**P**	A	D	A	T	**C**	P	E
C	**O**	**R**	**A**	**Ç**	**Ã**	**O**	H	J	**C**	E	U	**L**	T	C	I	X	**E**	A	C
O	O	J	V	A	**O**	U	I	A	**U**	U	N	**I**	M	**S**	A	C	**N**	T	O
M	P	E	I	O	P	E	**F**	**A**	**R**	**M**	**A**	**C**	**E**	**U**	**T**	**I**	**C**	**O**	**S**
T	U	O	F	E	U	O	**O**	K	**A**	O	I	**I**	S	**P**	U	R	**I**	U	M
I	T	A	U	K	T	A	**R**	I	Y	I	S	**D**	E	**E**	R	M	**A**	S	E
P	I	R	I	T	U	A	**T**	E	L	B	A	**A**	N	**R**	F	S	H	I	L
P	G	T	B	A	M	T	**A**	T	B	E	N	**D**	E	**S**	G	**A**	**L**	**M**	**A**
U	Y	E	B	D	P	E	**L**	E	B	M	O	**E**	I	**T**	O	L	T	E	N
T	N	E	X	P	U	N	**E**	E	X	T	N	E	X	**I**	R	A	E	N	U
R	**E**	**I**	**N**	**O**	**D**	**O**	**C**	**É**	**U**	G	I	**O**	**Ã**	**Ç**	**E**	**T**	**O**	**R**	**P**
V	N	J	M	K	F	G	**E**	S	F	T	N	E	X	**Ã**	I	E	H	**O**	X
A	R	L	R	D	R	D	**I**	R	C	L	A	Y	C	**O**	G	W	L	R	D

Pág. 230 – Caça-Palavras – Exu

A	D	A	F	S	H	I	L	**D**	A	G	U	N	M	**F**	**O**	**R**	**Ç**	**A**	**S**
B	P	E	I	O	**S**	**I**	**L**	**E**	**N**	**C**	**I**	**O**	I	T	A	U	K	T	A
R	U	O	F	E	**O**	R	A	**S**	O	L	D	A	F	S	H	I	L	O	L
A	T	A	U	K	**F**	J	V	**E**	K	A	O	I	I	S	P	U	R	I	**T**
N	I	R	I	T	**R**	E	I	**S**	P	I	R	I	**M**	**E**	**R**	**E**	**C**	**E**	**R**
D	G	T	B	A	**I**	O	F	**P**	P	G	T	B	**A**	E	U	L	T	C	**E**
A	E	I	**A**	P	**M**	**I**	**S**	**E**	**R**	**I**	**C**	**O**	**R**	**D**	**I**	**A**	M	A	**V**
I	O	F	**P**	U	**E**	O	F	**R**	I	R	**O**	I	**T**	H	I	**M**	Y	Z	**A**
F	A	U	**R**	T	**N**	A	U	**O**	G	T	**N**	F	**I**	I	R	**O**	K	A	**S**
L	**A**	**M**	**E**	**N**	**T**	**O**	S	T	Y	E	**D**	U	**R**	H	V	**R**	L	T	S
I	G	T	**N**	E	**O**	D	**L**	**U**	**Z**	N	**E**	I	**I**	T	U	O	F	E	U
V	Y	E	**D**	O	J	V	A	O	U	I	**N**	B	**O**	I	T	A	U	K	T
R	C	**D**	**I**	**V**	**I**	**N**	**A**	N	T	U	**A**	R	D	I	R	C	L	A	Y
A	H	I	L	K	A	I	S	**P**	**E**	**R**	**D**	**O**	**A**	**I**	T	U	O	F	E
R	O	O	I	L	T	M	É	**A**	N	U	**O**	A	R	I	Y	I	S	D	E
R	D	I	R	C	L	A	Y	**I**	O	L	D	A	F	S	H	I	L	O	L

Pag. 245 – Criptografia

Criança informada é verdade assegurada.

Pag. 246 – Caça-Palavras – HINO DOS GUARDIÕES DA LUZ

N	T	W	T	**O**	E	T	A	**B**	**E**	**N**	**Ç**	**Ã**	**O**	M	F	A	D
O	I	P	B	**X**	A	T	T	**A**	E	T	U	O	T	D	**O**	L	D
S	M	Q	U	**A**	D	P	I	**N**	R	R	A	M	**F**	**O**	**R**	**Ç**	**A**
S	U	**F**	A	**L**	O	U	R	**D**	S	O	A	M	I	A	**I**	Ã	O
A	T	**I**	T	**Á**	A	L	**S**	**A**	**L**	**V**	**E**	E	L	G	**X**	S	D
S	O	**L**	M	I	F	N	Q	I	M	L	O	T	I	E	**Á**	O	T
E	P	**H**	T	I	R	**S**	**A**	**G**	**R**	**A**	**D**	**O**	T	N	**S**	E	C
N	G	**O**	I	Z	**M**	L	R	Z	U	J	S	**G**	S	O	S	O	**G**
H	K	T	D	**D**	**E**	**U**	**S**	Ç	**C**	Q	D	**U**	E	R	R	A	**U**
O	F	O	T	C	**S**	L	R	A	**A**	U	R	**M**	C	Ô	G	E	**A**
R	Ã	N	A	N	**T**	D	U	U	**M**	O	S	A	A	E	Y	A	**R**
A	Ç	K	I	L	**R**	T	**C**	D	**I**	O	E	M	O	O	R	B	**D**
A	U	M	E	E	**E**	L	**O**	O	**N**	R	E	E	N	E	P	A	**I**
N	A	Q	**O**	S	T	I	**R**	E	**H**	E	C	N	**O**	D	I	E	**Õ**
C	I	H	**X**	**A**	**N**	**G**	**O**	R	**A**	O	Õ	T	**N**	L	P	A	**E**
A	**J**	W	**U**	I	S	T	**A**	N	**R**	U	A	I	**I**	E	C	O	**S**
O	**E**	T	**M**	A	U	A	R	I	U	E	Ã	M	**V**	L	T	R	**D**
C	**S**	E	L	L	S	H	Õ	S	**R**	**O**	**D**	**A**	**I**	**R**	**C**	N	**A**
O	**U**	**N**	**I**	**V**	**E**	**R**	**S**	**O**	N	S	A	G	**D**	I	A	O	**L**
A	**S**	R	O	O	R	S	I	T	A	B	F	T	C	I	F	U	**U**
H	C	T	**C**	**O**	**R**	**A**	**Ç**	**Õ**	**E**	**S**	T	C	I	T	E	I	**Z**

Pág. 247 – 5 – Palavras Cruzadas

Perfume energizador	Linha de Umbanda feminina	A	I	H / U	Fio de Coptas / G	Fundador da Umbanda	Utilizamos nas oferendas para Oxóssi e Caboclos		M
O	P	I	U	M	Saudação Umbandista	S	A / R	A / V	A
A	R	R	U / D	A	Espírito de pessoa morta	E	G	U	M
Erva usada para benzer	E	O	Atônimo de aquilo	A	E / S	T	O	Utilizamos em oferendas para Cganos e Exus	À
Maria Bonita era...	T	Cabeça / Pimenta da Costa	M / A	T	A / R	E	Deslocar-se	Estado Brasileiro	O
C	A	nome / N	G	A	C	E	I / R	A	Rezam
Viagem aérea	V	O	O	Caboclo de Ogum (de trás p/frente)	Acento gramatical	N	Colocação	C	O / R
Cultivar / S	E	M	E	A / R	Utilizado para fazer velas	C	E	R	A
Regência do Orixá Ogum	L	E	I	I / E	O	R	D	E	M
	H		Preto-Velho Pai... (de trás para frente)	U	L	U	Z	Afirmativa com uma sílaba	É
	A	R	A	G	N / I	Z	Nome de Cigana		X / A
Recebimento formal de sacerdócio – coroação ou...		Rio Grande do Norte	R	N	Quando virgem pode ser utilizado na comida (de trás p/ frente)	I	Cigana de trás pra frente	Caboclo é...	Tudo de bom...
O	D	O	I	A	Meu segredo em Yorubá	L	A	C	
Saudação a Iemanjá	E	N	E	M	O	H	R / A	A	Céu em Yorubá
Saudação a Xangô	K	A	O	Exu / Ressentimento	R	A	N	Ç	O / R
Cabocla Flexeira	A	I	H	Saudação a Iemanjá	O	D	O / I	A	U
I	R	A	C	E	M	A	Qualidade inata	D / O	M
	Linha de Umbanda	B	A / C	Ponto de força da mamãe Oxum	I	S	Sétima nota musical	R	

Pág. 248 – 6 – Palavras Cruzadas

Antônimo de Boa	R	L		Nome da Iansã no Candomblê	O	I	A	Entidade de Umbanda	
M	Ã	E	Matriaca (de trás para frente)	A	B	M	O	P	Pássaro que representa Oxalá
Á	J	N	A	M	E	I	Orixá das águas salgadas	R	Giz usado para riscar pontos
Festa Católica	N	A	T	A / L	Estica / A	B	M	E	P
	A / M	Tipo de adormo	A	H	L	A	O	T	Usado na hora de bater a cabeça
Mãe das águas doces	Comida de Iemanjá	Satélite cultuado por várias religiões	L / U	A	I	Quando o pássaro está ao céu ele...	V	O	A
O	G	U	M / Mestiça de negro com branco	Orixá patrono da Umbanda (invertido) / Gostam de brincar (pl)	S / A	L	E	V	Utilizado para iluminar o altar
X		1100 em algarismo romano	M	C		E	R	E	Criança
U	O que as crianças gostam de fazer	R	I	R	Transporte pela Água / C		Religião trazida pelo Caboclo das 7 Encruzilhadas	L	
M		A	T	I	A	M	U	H	Caboclo de Ogum
Onde mora Iemanjá	O	C	E	A	N / O	Principio da Umbanda / A	M	O	R
Representação da diferença de tonalidade (invertida)		O	C	N	A	R	B	Cor das vestes na Umbanda / Toca Atabaque	A
R	O	C	Tecido usado pelos Ciganos / Toque	Ç	Saudação a Xangô	C	A	O	Elemento natural / Saudação a Oxóssi oke
		Caboclo usa na Cabeça	S	A	Altar / C	O	N	G	A
Orixá das Maias	O	X	O	S	S / I	Doar	D	A	R
Acredita	C	R	E	Linha Oriental	C / I	G	A	N	O

Pag. 249 – 7 – Palavras Cruzadas

Pomba branca representa - inverso	z	a	p	Comida do Orixa Xango	a	m	a	l	Banho de folhas a
Cabeça	o	r / i	utiliza-se nas oferendas a Iemanjá de tras para frente		o	c	r	a	b
Utilizado para iluminar	v	e	l	a	ç	900 em algarismo romano		Simônimo de criança	o
Psicofonia é o dom mediúnico exercido pela..		v	Parter da planta	c	a	u	l	e	Que assim seja
a	Ogan mais antigo	a	l á	e	l	Reza / Fiel	o	r	a
r / i	a	c	h	o	Utilizado pelo boiadeiro	Instrunento sagrado para entoar cantigas		e	m
Ódio	l	Exu	c	Bondosa	o	o	a	Sílaba afirmativa	é
Pai / b	a / b	a	bebida para ciganos		Pó sagrado	a	t	i	m
	e	n	o / m	Árvore / Levantar	i	ç	a	r	Ritual de lavagem de cabeça
	Conti-nente	a	s / i	a	Simpati-cante de condomblé	a	b	i	a
c	é	n	t	r / o	Sessão de trabalho	r	a	r	m
Casa de Oração	r	Avó de todos Orixás	a	e	g / i	o / c	q	a	a
	o	Primeiro sacramen-to umban-dista	b	i	r	Símbolo de Oxum	u	c	c
r	m		Pomba-gira	r / a	a	Balde de madeira	e	Baiaho Zé do...	i
a	i	a	m	Faz parte de cultura mexicana	saudação a Obaluaiê / ar em inglês	a / t	o	t	o
m	a	Saudação a Oxum	o	r	a	i	e	i	e
Ponto de Força mãe Iemanjá	Caboclo de Oxóssi		ç	comunica	i	n	f / o	r / m	a
Caboclo de Oxalá	p	e / n	a	b	r	a	n Crença	c	a

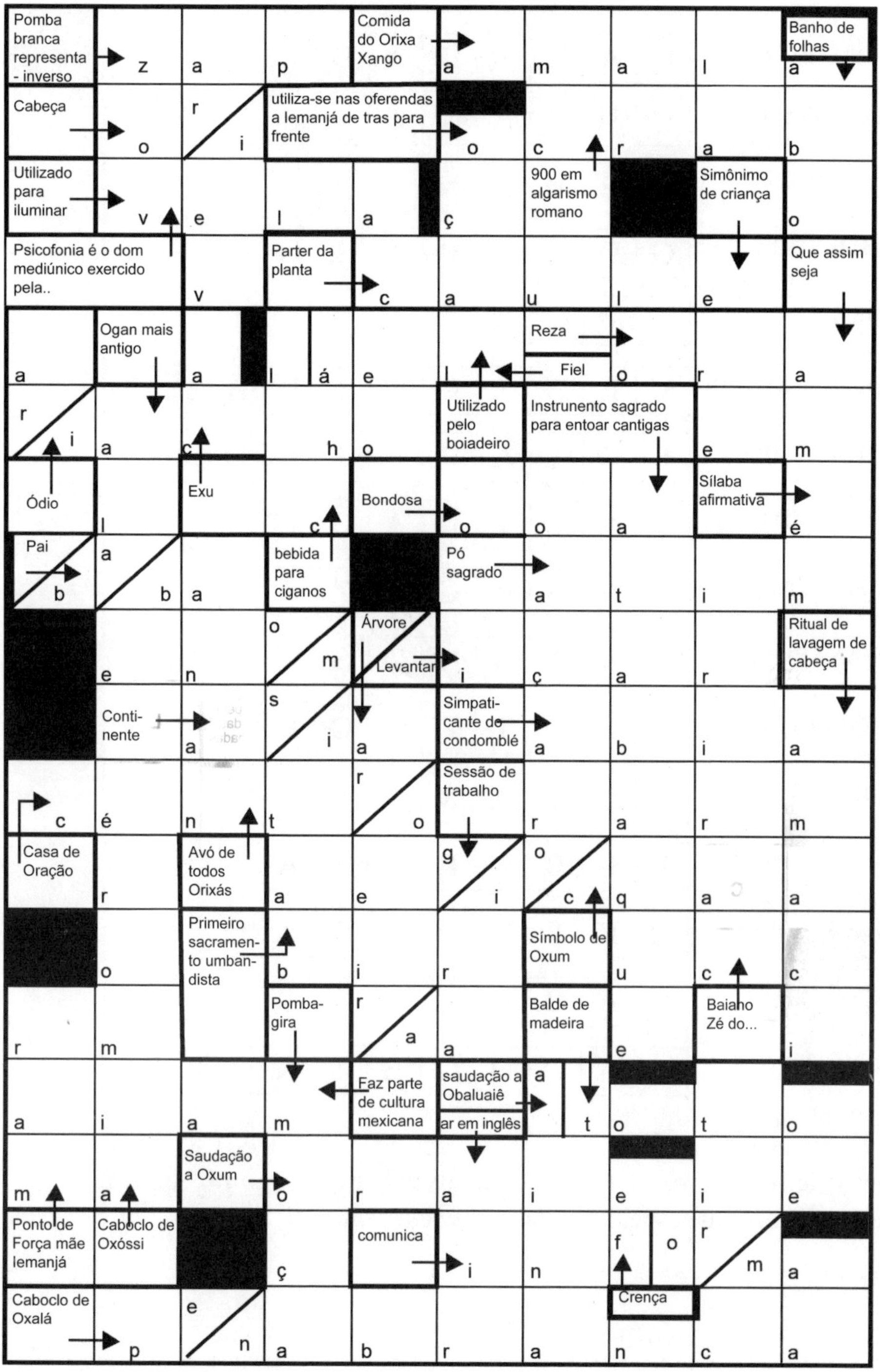

Pag. 250 – 8 – Ordene as letras e forme as palavras:

DACARIRE	C	A	R	I	D	A	D	E			
BUSTINDAMA	U	M	B	A	N	D	I	S	T	A	
JAENIAM	I	E	M	A	N	J	A				
RUAGIDOA	G	U	A	R	D	I	A	O			
ORAM	A	M	O	R							
DEDUMAINEDI	M	E	D	I	U	N	I	D	A	D	E
DOAREIBIO	B	O	I	A	D	E	I	R	O		
DIETENDA	E	N	T	I	D	A	D	E			
ZERIGENRA	E	N	E	R	G	I	Z	A	R		
SIANABO	B	A	I	A	N	O	S				
TORPETROSE	P	R	O	T	E	T	O	R	E	S	
SIGAU	G	U	I	A	S						
REPRIADE	P	E	D	R	E	I	R	A			
FEÇADUAMO	D	E	F	U	M	A	Ç	A	O		
COCOBLAS	C	A	B	O	C	L	A	S			
CHEAROICA	C	A	C	H	O	E	I	R	A		

Pág. 255 – Criptografia

Somos templos vivos, através dos quais o Pai chega ao nosso semelhante. Temos que espelhar o Pai. – *Rubens Saraceni*